Couvertures supérieure et inférieure manquantes

SOUVENIRS DE VOYAGE

DANS L'ASIE, LE NORD DE L'AFRIQUE

———

4ᵉ SÉRIE GRAND IN-8°.

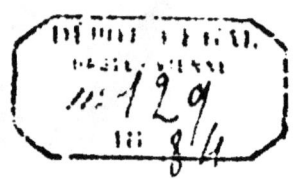

Propriété des Éditeurs.

SOUVENIRS DE VOYAGE

DANS

L'ASIE, LE NORD DE L'AFRIQUE

SYRIE, ALGÉRIE, TRIPOLI, TUNIS, ETC.

PAR

Mme CLARA FILLEUL DE PÉTIGNY.

LIMOGES
EUGÈNE ARDANT ET Cie, ÉDITEURS

SOUVENIRS DE VOYAGE
DANS LE NORD DE L'AFRIQUE.

CHAPITRE PREMIER.

Départ d'Alexandrie. — Smyrne. — Constantinople.

Après avoir visité les lieux où la religion du Christ s'inaugura sur une croix, après avoir sondé les bords du Nil et les mystères des premiers temps, Alexandrie disparut à nos yeux : l'Orient dégénéré était le but de notre voyage; nous voguions vers Smyrne, dont l'origine merveilleuse se perd dans la nuit des temps. Alexandre-le-Grand voulant se reposer des fatigues d'une longue chasse, s'arrêta sur le mont Pagus et conçut, dit-on, le projet de bâtir *la couronne de l'Ionie, l'ornement de l'Asie*. Strabon assigne à la fondation de cette ville une époque beaucoup plus reculée. Le gymnase, le temple de Cybèle, la bibliothèque publique, la statue d'Homère, les belles rues et les magnifiques portiques dont parle cet auteur, ont entièrement disparu.

Renversée par un tremblement de terre, sous Tibère, Smyrne fut restaurée par Marc-Aurèle. Enlevée aux empereurs grecs par le turc Izachas (1084), elle devint la capitale d'un petit Etat; fut reprise par le grec Jean Ducas (1332); plus tard par Tamerlan, par Amurat (1424), et resta depuis au pouvoir de la Porte.

Les rues de Smyrne sont en général mal percées, mal pavées, et si étroites qu'un chameau chargé en occupe presque toute la largeur. La rue Franque, plus spacieuse, est garnie d'assez jolies boutiques.

Cette ville qui fut le théâtre du martyre de saint Polycarpe ne possède point de temples d'une architecture élégante et grandiose.

L'islamisme n'y a pas même élevé d'imposantes mosquées. Peu de ses monuments sont dignes d'un regard vraiment curieux; les bazars sont admirables et frappent d'étonnement par leur magnificence asiatique.

Rafraîchis par de nombreuses fontaines, ombragés de plantes balsamiques et de treilles ombreuses qui envahissent les rues mêmes, les cafés turcs, sous ce double rapport, sont agréables et méritent d'être fréquentés.

Smyrne n'en est pas moins une des échelles les plus florissantes du Levant. Des caravanes lui apportent régulièrement une partie des productions de l'Anatolie, de la Syrie, de la Porte, qu'elle livre immédiatement aux vaisseaux de toutes les nations maritimes telles que la Grèce, l'Italie, l'Autriche, la France, l'Angleterre, et même l'Amérique.

Les laines, les cotons, les soies, les tapis, les glands connus sous le nom de Vallanci, et destinés à la tannerie, des figues et des raisins délicieux, sont les principales branches de son commerce. Ses environs sont couverts d'oliviers, de grenadiers, d'orangers, de jasmins, de myrtes qui ombragent les moissons, closent les jardins renommés pour leurs melons d'un goût si exquis, et s'entrelacent, au milieu des plus doux parfums, avec des plantations de mûriers, de figuiers et de vignes. Cette riante et vigoureuse végétation, ces sites charmants sont embellis par des maisons de plaisance. Ce paysage aurait des charmes infinis, si l'Anatolie recevait le perfectionnement de culture et d'industrie qu'elle réclame depuis longtemps.

Le ciel de Smyrne est d'une admirable sérénité, rarement troublé en été par la pluie ou par le tonnerre. La chaleur y est régulièrement tempérée pendant le jour, par l'*embat*, vent du nord-ouest, favorable à l'arrivée des bâtiments. Le climat, la fertilité du sol font de cette ville privilégiée la gloire et la perle de l'Ionie. Ce n'est pas dans cette atmosphère pure et molle que grondent et s'entrechoquent les passions orageuses, énergiques qui bouleversent ou réhabilitent une nation. Les mœurs des habitants sont faciles et douces. Le soir, les terrasses retentissent de chants variés, de concerts harmonieux. Au mois de mai, on ne voit que des roses qui embaument les airs.

Malheureusement, à cette époque où commencent les fortes chaleurs, qui se prolongent jusqu'à la fin de septembre, la peste visite assez régulièrement cette riante contrée, que les tremblements de terre n'épargnent pas non plus. Smyrne est encore exposée à de terribles et fréquents incendies.

Dans cette ville, comme à Constantinple, il y a mélange de populations : Ottomans, Grecs, Arméniens, Juifs; les tribus des Bédouins et des Turcomans nomades, errent aux environs de Smyrne : dans l'enceinte même, les Européens, Français, Italiens, Anglais, Maltais ont leur quartier séparé : là, plus qu'en aucun lieu du Levant peut-être, la colonie des Francs est unie, respectée, hospitalière : c'est elle qui la première y a introduit des coutumes sages et des lois de salubrité : elle a établi à ses frais des bateaux à vapeur, pour la rapidité de ses communications avec Constantinople.

Nous restâmes quinze jours à Smyrne ; je ne crois pas avoir passé d'instants plus délicieux et plus vite écoulés. M. Daguette qui fut sur le point de nous accompagner à Constantinople, changea d'idée et revint à Alexandrie. Alors nous nous remîmes en mer.

Je ne pus contenir ma joie à la vue du Bosphore (deux mots grecs qui signifient bœuf et passage) d'où, d'un seul regard, j'embrassais l'Europe et l'Asie.

Notre vaisseau filait avec la rapidité d'une flèche, et les scènes les plus ravissantes, les plus variées se succédaient de même. Parmi les forteresses qui hérissent les deux rives, apparaissaient, s'entremêlaient les maisons plus ou moins isolées des pêcheurs, les champs de bruyères, les moissons ondoyantes, les plantations de vignes et de mûriers, les villages perchés sur les hauteurs, couchés au fond des vallées, ou assis sur les côtes ; les jardins avec des murailles peintes, des kiosques, des lilas en fleurs, et des marronniers d'Inde, aux girandoles blanches Je voyais, à travers le jeune feuillage des platanes, une forêt lointaine, et puis d'autres objets qui bleuissaient, ou dont la forme vaporeuse ne pouvait plus être saisie à l'horizon qui s'étendait toujours. Puis, je voyais des ports, où les navires attendaient un vent favorable pour Odessa ou Trébizonde; et puis des montagnes plus rapprochées, dont l'eau baignait les pieds; de nouvelles et riantes vallées des massifs de pins, à la tête arrondie, des arbres de Judée, épars, avec leurs grappes de fleurs rouges; des cyprès dressant de tous côtés leurs pyramides de sombre verdure. Pendant que des voiles orientées en sens contraires, se croisaient entre ces deux rives où règne un luxe de végétation, de constructions, qui rappelle les Mille et une nuits, les dauphins bondissaient sur l'onde peinte du plus bel azur; les goëlands se perchaient çà et là par bandes criardes ou nageaient en paix; et au milieu de ce mouvement, de ce bruit, le plus harmonieux des oiseaux savait encore lancer quelques notes auxquelles nulle mélodie ne pourrait être comparée.

Le canal du Bosphore est défendu près de son ouverture dans la mer Noire, par les deux châteaux de Fanar, ou Fanaur, d'Europe et d'Asie.

Ces deux forts, à quinze cents toises environ

l'un de l'autre, sont loin de remplir le but qu'on s'est proposé en les construisant. Mais les deux autres plus modernes, nommés Poyras et Curibche, dont le baron de Tott traça le plan, peuvent, par leur distance qui n'est que de cinq cents toises, et par leur position, à l'endroit où le canal commence à perdre de sa largeur, foudroyer facilement les vaisseaux qui chercheraient à forcer le passage. Cependant malgré ses forts si redoutables, malgré ses mille batteries, Constantinople est mal défendue. Son port, dont la direction est de l'est-sud-est à l'ouest-nord-est, offre sur une longueur de quatre mille toises, et sur une largeur de trois cents, un mouillage tranquille et sûr. La profondeur de ses eaux, et la bonne tenue du fond qui est argilo-vaseux, permettent aux plus grands vaisseaux de ligne d'approcher des deux rives, au point de toucher les maisons avec leurs vergues. On n'y voit aucun encombrement, ni attérissement ; les eaux y gardent toujours la même profondeur.

Constantin, voulant bâtir une ville qui portât son nom, choisit une des plus belles positions de l'univers sur le détroit que je viens de décrire.

En cet endroit se trouvait une ville très ancienne appelée Byzance. Constantin l'agrandit considérablement, y fit élever un grand nombre de beaux édifices, y donna son nom.

Après avoir été la capitale de tout l'empire romain, puis de celui d'Orient, elle finit, en 1453, par tomber au pouvoir des Turcs, qui y établirent dès-lors le siège de leur empire : ils la nomment aujourd'hui Stamboul.

Mais cette analyse rapide ne peut suffire à l'histoire de Constantinople; je reprends donc mon récit.

Constantinople, située à 41 degrés de latitude nord et à 29 degrés de longitude est de Paris, est placée à l'extrémité d'un contrefort qui fait partie d'une chaîne de hautes collines, laquelle, en longeant le littoral de la mer Noire, du Bosphore et de la Propontide, joint le mont Hémus au mont Rodolphe. Quelques ravins assez larges, creusés par les pluies, et dont le fond sert d'écoulement à de limpides fontaines, divisent la base inégale, sur laquelle cette ville est bâtie, en sept parties de collines, et lui donnent, par là, une grande similitude physique avec l'ancienne Rome. Byzance, à la voix de Constantin, devint la métropole la plus célèbre de l'Europe. On reproche à ce prince cette métamorphose gigantesque, qui, en partageant les forces de l'empire, en hâta peut-être la chute. Bref, le vainqueur de Maxence, ce tyran qui périt aux portes de Rome, ayant reconnu les avantages de la position de Byzance, et voulant habiter une ville toute chrétienne, y fixa sa résidence en 330.

Les collines sur lesquelles Constantinople est bâtie ; les mosquées surmontées d'immenses coupoles, entourées de hauts minarets et dont les principales occupent les pointes les plus élevées de ce promontoire ; les maisons peintes de différentes couleurs et entremêlée de jardins, au-dessus desquels s'élèvent des cyprès et d'autres arbres toujours verts ; la disposition de tous les édifices en amphithéâtre ; la vue du port animé par la présence de navires de toutes grandeurs, et par des milliers de gondoles qui le traversent ; enfin la perspective gracieuse et pittoresque des campagnes, où brille la plus active végétation, présentent le coup-d'œil le plus beau et le plus imposant qu'il y ait dans l'univers.

Mais, hélas ! quand vos pénétrez dans la ville, la magie de ce panorama, qu'on peut appeler féerique, se dissipe aussitôt. Le cœur se serre de douleur, en ne voyant que des rues sales, tortueuses ; des maisons de bois, de brique et même de boue.

L'âme s'indigne à ce spectacle de honte et de barbarie ; on ne peut retenir ce cri de désespoir :

« Vanité des vanités, tout n'est que vanité ! »

Puisque je déplore la déchéance de l'empire grec, je dois nécessairement raconter l'horrible et lugubre catastrophe, où le croissant remplaça le signe glorieux de notre Rédemption.

En 1449, Constantin Dracosès s'assit sur l'ombre du trône des Césars. A mesure que la puissance des Turcs s'accroissait, les ressources de l'empire s'affaiblissaient dans la même proportion.

Enfin parut Mahomet II, nom fatal à l'empire grec et à toute la chrétienté.

En 1453, ce héros barbare, dans toute l'impétuosité de la jeunesse, ardent pour la gloire, fit des préparatifs effrayants, et vint assiéger Constantinople, l'écueil d'Amurat II. L'armée de terre était de trois cent mille hommes environ ; celle de mer était montée sur un nombre prodigieux de galères et de navires.

Un grand cercle formé par les galères du côté de la mer, et sur terre par les soldats turcs, enferma Constantinople de toutes parts : cette ville avait six lieues de circuit, une double muraille très forte et des fossés profonds. La première attaque commença le 29 mai, vers trois heures du matin. Elle dura deux heures, et les fossés de la première enceinte, selon les désirs de

Mahomet, étant presque tous comblés des corps de ses soldats les moins aguerris, il fit jouer son artillerie qui ébranla bientôt les remparts, en vomissant la mort sur ceux qui, de distance en distance, se présentaient pour les défendre. Dans le même instant des guerriers frais et courageux recommencèrent l'attaque par terre et par mer. Constantin, à la tête de quelque huit mille soldats latins seulement, car les Grecs, craignant la réunion des deux églises, vociféraient dans les rues qu'ils préféraient le turban turc au chapeau d'un cardinal, fit des prodiges de valeur. Les Turcs furent même contraints, après deux heures d'un combat acharné, de plier malgré les cris et les menaces de Mahomet. Les janissaires accoururent alors. Ranimés par ce puissant secours, les fuyards revinrent à l'assaut et gagnèrent enfin le haut des tours et des murailles. Constantin combattait encore sur les cadavres de ceux qui ne l'avaient point trahi, quand un Turc lui porta un coup au visage; ce fut le signal de sa mort et de la ruine de son empire. La ville ne résista plus et fut livrée au pillage. Quarante mille chrétiens furent massacrés et plus de soixante mille restèrent prisonniers. Après le pillage, la soldatesque voulait incendier Constantinople; mais Mahomet, qui brûlait d'en faire le siège de son empire, s'y opposa. Il rappela donc une partie de la population, accordant de grands privilèges et la liberté de conscience à ceux qui voudraient s'y fixer. Ayant appris que le siège patriarcal était vacant, il assembla quelques évêques des environs, les ecclésiastiques restés dans la ville et les principaux bourgeois, qui élurent le célèbre sénateur Georges Scolarius qu'on regardait comme le Grec le plus instruit de son siècle. Il avait assisté au concile de Florence, et s'était hautement déclaré en faveur de l'union des deux églises. Comme c'était la coutume que l'empereur installât le nouveau patriarche, Mahomet voulut observer les mêmes cérémonies. Le patriarche fut conduit par les électeurs dans la grande salle du palais impérial. Le sultan, instruit de son arrivée, sortit de sa chambre, magnifiquement vêtu, et alla se placer sur une estrade couverte d'un grand tapis de pourpre. Il reçut le prélat avec respect, et lui mettant entre les mains le bâton pastoral, il prononça à haute voix ces paroles : « La très sainte Trinité qui m'a donné l'empire, vous fait, par l'autorité que j'en ai reçue, archevêque de Constantinople. » Ensuite, il le conduisit lui-même jusqu'à la porte du palais, et le fit monter sur un cheval richement caparaçonné. Tous les visirs et tous les pachas eurent ordre de l'accompagner, ce qu'ils firent, en allant à pied, à travers toute la ville, jusqu'au temple des Douze Apôtres, qui remplaçait Sainte-Sophie, comme église patriarcale. Le sultan avait fait de l'ancienne métropolitaine sa principale mosquée. Quelque temps après, le patriarche obtint la permission d'officier dans l'église de Notre-Dame, appelée Panmachariste, où il reçut la visite du sultan.

Les successeurs de Mahomet furent moins tolérants, et, sous leur joug de fer, les Grecs perdirent tous leurs droits, et virent leur religion traitée avec mépris par leurs stupides et cruels oppresseurs.

Lors de la prise de Constantinople, l'Italie et l'Allemagne étaient divisées ; Gênes et Venise ne firent aucun effort important ; l'Angleterre était déchirée par les guerres des deux Roses ; la patrie des preux chevaliers qui avaient autrefois conquis l'empire d'Orient, la France venait de chasser les Anglais et se reposait des maux de l'invasion. Aussi la voix de Constantin Dracosès ne retentit-elle que faiblement dans l'Europe qui assista, pour ainsi dire fascinée par la grandeur même du péril, et sans s'émouvoir, à ce triomphe sanglant de la puissance musulmane, si menaçante pour le christianisme et la civilisation.

Ainsi s'effaça de l'Europe cette dernière trace de l'ancienne grandeur romaine.

Stamboul renferme quatorze mosquées impériales, deux cents mosquées ordinaires, plus de cinq cents fontaines, et environ cent mille maisons. Les grandes mosquées ont été construites sur le modèle de l'église de Sainte-Sophie laquelle est imposante par sa masse, admirable par la grandeur de ses coupoles. Les petites mosquées ne sont distinguées des maisons particulières, que par leur contigüité à un minaret du haut duquel les Muezzins appellent les musulmans à la prière. Toutes les maisons sont faites d'une légère charpente, dont les espaces entre les poteaux et les traverses, sont généralement remplis de terre. Si elles échappent à l'action fréquente des incendies, elles tombent au bout de trente ans d'existence. Il n'est pas surprenant que les sinistres soient si multipliés à Constantinople, quand, pendant l'hiver, il y a continuellement du feu sur des planchers de bois, à une faible distance des sophas, des nattes et des tapis : la moindre négligence peut y mettre le feu. Lorsqu'un incendie se manifeste, tous les habitants en sont bientôt prévenus; la garde, parcourant les rues de la ville, crie de minute en minute : « Il y a le feu; » tandis que deux énormes tambours placés, l'un sur la tour de Galata, l'autre sur une tour très élevée, qui se trouve au centre de Stamboul, avertissent l'indolente cité du malheur qui la menace. Les dommages causés par les flammes sont bientôt réparés. On remet sur pied une nouvelle maison aussi fragile que la première, et qu'au bout de quelques jours le Turc revient habiter avec son imperturbable indifférence.

Le faubourg de Péra, où nous trouvâmes facilement un logement, est généralement bien construit; c'est le quartier des Francs, ou étrangers, et des ambassadeurs. Ces derniers ont pour palais des habitations qui, en Europe, ne seraient que des maisons bourgeoises. J'ai visité en détail, et avec le plus vif intérêt, tous les monuments que la barbarie ottomane a conservés à l'intérieur et au dehors de la ville; pour la plupart, ce ne sont que des ruines; plusieurs aqueducs seuls sont intacts, et portent encore l'admirable empreinte de la grandeur romaine. On peut dire, en général, que l'ancienne Constantinople a disparu tout entière. J'aurais bien désiré visiter l'intérieur de Sainte-Sophie; mais les chrétiens en sont exclus.

L'Européen jouit à Stamboul d'une liberté qui s'accroît de jour en jour. Le Turc a compris la puissance des autres nations et la redoute; aussi n'a-t-il garde d'insulter les étrangers comme autrefois.

Souvent j'ai parcouru, avec non moins de sécurité qu'en France, les rues de Constantinople, ainsi que les bazars et les marchés qui portent le nom de Bésestins. Ce sont d'immenses corridors assez étroits, mal éclairés, dont les murailles bâties en pierre, et surmontées de voûtes, mettent les marchandises à l'abri des ravages du feu. Les marchands y sont séparés par nation et par profession. Les Turcs et les Arméniens y surfont rarement ; mais l'acheteur doit être en garde contre les Grecs astucieux auxquels il faut offrir, ainsi qu'aux Juifs, à peine la moitié du prix demandé.

Je ne puis exprimer le plaisir que j'éprouvais sous ces voûtes cintrées et se croisant dans tous les sens, avec des ouvertures haut-percées qui éclairent deux rangées de boutiques de tapis, d'étoffes, de parfums, de joaillerie, où la population chaque jour se presse et s'agite confusément.

Je me plaisais surtout à étudier les traits, les attitudes des divers personnages que j'apercevais dans les bazars. D'abord, le Turc-Ottoman, avec sa face longue et large, son front qui se déroule comme une zône unie au-dessous du turban : il a les yeux grands, le nez recourbé et plein, les mâchoires carrées, la barbe fournie, lisse et noire ; une tête énorme reposant sur un cou fort et gros : sa physionomie est pleine d'orgueil débonnaire, de force qui dort confiante en elle-même ; son langage est harmonieux, inaccentué et grave. Puis le Turc-Tartare qui diffère du premier par un teint plus jaune, par une tête courte, où, sous un front bas, s'enfoncent de petits yeux noirs ; par un nez pincé au bout, et renflé par les narines, sorte d'ébauche de figure humaine, aux lèvres tristes, au poil rude et rare. A côté, le Grec, avec son nez droit qui, quelquefois, se continue selon le modèle antique avec la ligne du front, et le plus souvent forme avec cette ligne un angle obtus, d'où résulte un air d'audace et de finesse que la vivacité de l'œil rend tout à fait remarquable. Écoutez ses paroles, suivez ses gestes : quelle volubilité ! que son corps est vigoureux et svelte ! Ici, l'Arménien, haut de taille, blanc et coloré de face, au front peu élevé et ras, aux yeux grands et noirs à fleur de tête, au nez long et recourbé ; ressemblant par le haut de la figure au Turc-Ottoman, par le bas plus effilé, au Persan. Là, enfin, le Juif, avec ce front haut et fuyant qui donne à sa coiffure une inclinaison en arrière, avec ces yeux noirs, ce nez allongé, ces lèvres minces, et cette barbe entière.

Je m'arrête, car je ne puis parler aussi longuement de l'Albanais, moitié Grec, moitié Slave ; ainsi que du Kourde aux formes athlétiques, à la face régulièrement dessinée, mais dont l'expression est encore sauvage; je passe également sous silence le Persan et les autres populations orientales qui affluent à Constantinople.

Cette ville a maintenant une physionomie qui excite l'intérêt et la tristesse tout à la fois. Ce peuple aveugle dans son fanatisme est ennemi de tout ce qui s'éloigne de ses préjugés. Cependant depuis plusieurs années, de grandes réformes ont eu lieu; mais avant que la fatale influence de Mahomet ait disparu complètement, il faudra longtemps gémir sur la ville de Constantin, sur cette ancienne métropole du monde.

Le Turc veut jouir seul de ce qu'il possède; le contact d'un étranger le gêne et le met en fureur. Dans les fêtes religieuses et publiques, il faut que le Juif, le Grec se tiennent à l'écart. Il vous interdit ses mosquées; même autrefois vous ne pouviez circuler librement dans ses rues sales et malsaines.

On nous avait beaucoup parlé des enterrements turcs; mais l'étranger ne pouvant y assister, nous n'en vimes aucun, à notre grand regret.

Je suis donc forcé d'emprunter à un voyageur la description qui suit :

« J'étais assis dans un kiosk ou pavillon, construit au bout d'un jardin, d'où l'on découvre le port de Constantinople et le plus merveilleux panorama du monde. Sous ce kiosk, à côté du grand chemin, est le cimetière d'un capitaine de vaisseau : je pouvais donc, en soulevant un peu l'auvent qui sert de fenêtre, plonger impunément mes regards sur l'enceinte funèbre.

» On ne se mêle point aux convois, non seulement par crainte de la contagion, mais encore parce que les dévots musulmans ne souffriraient pas que la présence d'un étranger vînt troubler et profaner la cérémonie. Ainsi tous les récits des voyageurs ne sont pas exacts ; le hasard seul m'a rendu témoin de ce que je rapporte.

» Je vis d'abord, à dix heures du matin, le fossoyeur à l'ouvrage ; les esclaves et les femmes de la maison étaient assises dans le cimetière ; plusieurs autres femmes arrivèrent, et toutes alors se mirent à pleurer. Après ce prélude, elles embrassèrent, les unes après les autres, une de ces colonnes qu'on élève sur les tombeaux, en disant d'un ton lamentable : *O gloum, ô gloum, sama mussaphir gueldi!*

» O mon fils, mon fils, voici un étranger, un hôte qui vient te voir!

» A ces mots les pleurs et les sanglots redoublèrent ; mais cette douleur bruyante cessa presque aussitôt.

» Toutes les femmes s'assirent, et une conversation, sur un ton ordinaire, commença

» A midi, j'entendis un bruit sourd et des cris lugubres ; le triste cortège arrivait. Un Turc, portant sur sa tête une petite caisse, précédait la bière qui était placée sur les épaules de quatre autres musulmans : ensuite venaient le père et les amis du mort. Les hurlements cessèrent à l'entrée du cimetière, où l'on se battait, et voici pourquoi. L'homme qui portait la caisse l'ouvrit, et comme elle était remplie de livres de l'Alcoran, une foule de Turcs, jeunes et vieux, se disputaient pour en avoir. Les vainqueurs se rangèrent en cercle autour de l'iman. Alors tous à la fois commencèrent à réciter des prières, à peu près comme les écoliers récitent leurs leçons. On donna dix paras, environ quinze sous de notre monnaie, à chaque lecteur. C'était donc pour une aussi faible somme que ces pieux assistants s'étaient prodigué tant de gourmades.

» La bière était posée en face de la fosse, à laquelle on travaillait toujours, en faisant brûler des parfums. Après la lecture de l'Alcoran, des prières arabes furent entonnées par l'iman. Tous les Turcs étaient debout, et répondaient *Amin* à chaque verset, en tenant les mains élevées devant la tombe.

» Les oraisons finies, on apporta une grande

caisse, longue de six pieds sur trois de large, et dont les planches étaient fort épaisses.

» Le cercueil dans lequel on met le cadavre est ordinairement de cyprès.

» Les cimetières des Turcs sont presque tous plantés de ces arbres, qui sont en grande vénération parmi les sectateurs de Mahomet.

» Cette caisse dont je viens de parler, ayant été descendue dans la fosse, on y mit le cercueil, qui fut recouvert avec d'autres morceaux de bois. Ensuite, chaque Turc, prenant une pelle, jeta, selon l'usage, un peu de terre sur la dépouille mortelle de celui qui venait de payer le tribut commun à toute l'humanité, sans distinction de rang, d'âge ou de religion.

Du trépas subissant l'inévitable loi,
Le dernier des humains devient l'égal d'un roi.

» Avant d'inhumer le cadavre, on le porte à la mosquée. Après avoir récité le *Fatka* (prière qui a quelque rapport avec le *Pater*), l'iman demande aux assistants quel témoignage ils ont à rendre de la vie et des mœurs du défunt : chacun, prenant la parole à son tour, énumère les bonnes actions de celui-ci, qu'elles soient ou non venues à sa connaissance. Les panégyristes musulmans ne se piquent pas d'une scrupuleuse exactitude.

» Le cadavre est ensuite lavé et soigneusement empaqueté comme une momie : on dépose dans le cercueil quelques drogues et des aromates, enfin, le tout est porté au lieu de la sépulture. Avant de descendre le corps dans la fosse, l'iman, par ces paroles, impose silence aux assistants, qui se lamentent de plus belle :

» — Suspendez, pour un instant, vos regrets, et laissez-moi instruire ce musulman de ce qu'il doit faire quand il sera arrivé dans l'autre monde.

» Alors, s'approchant de l'oreille du mort, il lui apprend ce qu'il doit répondre à l'esprit malin, qui ne manquera pas de l'interroger sur sa religion.

» L'instruction finie, il répète le Fatka; les assistants mêlent leurs voix à la sienne ; après, le cercueil est descendu dans la fosse. Quand on a jeté par trois fois de la terre sur le tombeau, comme le pratiquaient les Romains, chacun se retire.

» L'iman reste seul ; il s'approche de la fosse, se baisse, prête l'oreille, écoute pour entendre si le défunt se débat lorsque l'ange de la mort vient le prendre ; ensuite il lui dit les derniers adieux

» Pour être bien payé, le fourbe ne manque pas d'aller donner à la famille éplorée les meilleures nouvelles du mort.

» On met sur le tombeau deux petites colonnes en marbre ou en pierre, assez bien travaillées, l'une à la tête, l'autre aux pieds : la première, si c'est un homme, est ornée d'un turban, avec une courte inscription; la seconde est toute unie.

» On voit, autour de Stamboul, des champs hérissés de ces pierres; elles suffiraient pour former à cette grande ville une enceinte continue; c'est ce qui fait dire que les morts occupent autant de terrain que les vivants.

» Ce qui me frappa le plus, pendant la cérémonie que j'ai décrite plus haut, ce fut la contenance du père, vieillard respectable, dont le visage portait l'empreinte d'une douleur mâle, sans aucune de ces démonstrations factices, d'apparat même, qui donnent ordinairement si belle matière aux inutiles remontrances et aux lieux communs des consolateurs, plus empressés que sincères.

» Les Turcs, en général, sont calmes dans la douleur, tandis que les Juifs éclatent en un aveugle désespoir. »

Pendant notre séjour à Constantinople, il nous a été facile d'observer que la population était inquiète : les affaires d'Orient occupaient beaucoup les vieillards; et dans les cafés, qui sont de date récente, l'indolent musulman se réveillait à la lecture du journal; car, malgré l'invraisemblance, il y a un journal à Stamboul.

La diplomatie était en mouvement; le grand

conseil d'Etat, sans cesse assemblé, n'empêchait pas le divan ou conseil public de se réunir comme d'ordinaire, dans une salle carrée qui, à des jours désignés, est ouverte indistinctement à tous ceux qui ont quelque grâce à demander. Ces réunions ont lieu quatre fois la semaine, sans même en excepter le vendredi, jour de fête chez les Turcs : cette innovation n'est pas une des moins surprenantes du sultan Mahmoud.

Le grand-visir a ses chambres particulières où se rassemblent les cadilesniers, ou chefs de cadis ; les tefterdars, ou trésoriers ; le greffier, appelé raischitap ; les nisangis, qui scellent les expéditions ; enfin les secrétaires.

Le chiaoux-bachi, ou chef des huissiers, se tient toujours près de la porte, pour faire exécuter les ordres qui lui parviennent.

Des visirs inférieurs se tiennent sur un banc, près de cette porte, et peuvent donner leur avis, mais sans avoir voix délibérative. Il n'y a point de sièges pour ceux qui présentent des requêtes. Les greffiers écrivent assis par terre. Les visirs ne peuvent parler que quand le grand-visir leur demande leur avis. Un usage invariable est de n'admettre aucun avocat. Lorsque le sultan juge à propos d'assister au divan, il se tient derrière une fenêtre grillée, au-dessus de la tête du grand-visir, de sorte que toute l'assemblée ignore sa présence. Le divan finit à midi, heure où l'on sert le dîner. Jadis ce repas se composait de riz et de mouton ; et, à l'exception du grand-visir, à qui l'on présentait du sorbet, toutes les autres personnes ne buvaient que de l'eau. Aujourd'hui, ce dîner est plein de luxe et de somptuosité. Quand il est terminé, on s'occupe de nouveau de l'expédition des affaires, s'il y a lieu. On rend compte au sultan, le mardi et le dimanche, des décisions du conseil. Quoique le grand-visir soit la seconde personne de l'empire, il ne parle à son souverain qu'avec des démonstrations de la plus grande humilité. Il porte dans une bourse les placets ; et, pendant qu'il les présente au sultan, les autres officiers se tiennent debout, en silence et les mains jointes.

Constantinople, écrit le colonel Juchereau, située vis-à-vis de l'extrémité méridionale du Bosphore, dont l'encaissement, entre deux chaînes de collines parallèles, force l'air à suivre le mouvement rapide des eaux, jouit du double avantage d'avoir son atmosphère sans cesse renouvelée, rafraîchie, et de voir emporter tous les dépôts des égouts et des eaux pluviales par les courants qui se précipitent du port dans la mer de Marmara. Aucun terrain marécageux n'existe auprès de cette ille; sa température, fort douce, n'offre jamais un froid de 4° à 5° au-dessous de 0, du thermomètre de Réaumur, ni une chaleur de plus de 26°: les variations météorologiques qu'elle éprouve dans le cours de l'année, sont à peu près de soixante-quatre jours pluvieux, cinq neigeux, cinq brumeux, vingt couverts, trente-six variables, quinze orageux et deux cent vingt parfaitement sereins.

Les vents du nord et du sud, dont le cours est déterminé par le gisement des côtes et par la position des mers, se succèdent alternativement. Celui du nord, qui est produit par la dilatation de l'air, plus grande, pendant l'été, sur la mer de l'Archipel que sur la mer Noire, souffle presque constamment, depuis le mois d'avril, jusqu'à la fin de septembre. Le vent du sud qui succède, pour peu de jours, à celui du nord, ne paraît que lorsque les vapeurs accumulées sur les îles de l'Archipel y ont condensé l'air et diminué la chaleur de la température; c'est pour cette raison qu'il est souvent humide et quelquefois orageux.

Ce n'est que dans l'hiver, lorsque toutes les hautes montagnes de la Turquie européenne sont couvertes de neige, qu'on voit souffler les vents d'est, d'ouest et de nord-ouest. Ceux-ci sont toujours très froids.

Avec de tels avantages météorologiques, Constantinople devrait ignorer l'existence de la peste, qui, toujours plus active dans les temps lourds et humides, doit probablement sa première origine et son renouvellement, comme beaucoup d'observations le prouvent, aux lieux chauds et marécageux des environs de Damiette, dans la Basse-Égypte, d'où ce fléau, moins funeste que la fièvre jaune, puisqu'on peut facilement le contenir et l'éviter, se répand dans toutes les parties de l'empire ottoman.

Le gouvernement turc a bien tenté quelques réformes; mais il les a maintenues avec trop de mollesse; aussi peut-on affirmer que les musulmans conserveront encore longtemps les germes de cette maladie destructive, surnommée avec raison le vautour d'Orient.

Le premier mouvement des hommes frappés des approches de ce fléau terrible a été de purifier l'air par les parfums : c'est ce qu'on fait encore partout, et de là, sans doute, vient l'usage établi chez les Orientaux, de brûler en tout temps des parfums agréables, dans l'appartement où l'on reçoit.

Cependant, malgré ces nuages de suaves odeurs, la contagion fait toujours d'affreux ravages dans le Levant, et surtout à Stamboul, où les communications ne sont jamais interrompues. Les Turcs croyant au fatalisme, et que rien ne peut changer l'arrêt du destin, restent auprès de leurs parents malades. Les étrangers seuls, alors qu'ils sont atteints de la contagion mortelle, n'ont point de compatriotes, d'amis pour les soigner. Ils sont abandonnés, et nul n'accompagne leur cercueil. Les musulmans, au contraire, prodiguent les plus tendres soins aux membres de leurs familles, et s'acquittent d'un devoir, qu'ils regardent comme religieux, en les suivant, après les avoir ensevelis, jusqu'au champ de repos. Quoique les Turcs accoutumés à voir venir souvent ce fléau, ne prennent pas les mêmes précautions que nous pour s'en garantir; quoique le commerce n'en souffre point; quoique la peste enfin la plus violente n'empêche ni une assemblée d'usage, ni une audience publique, les Turcs, dis-je, et même les Grecs n'en parlent pas avec moins de frayeur que les anciens qui l'appelaient *la maladie des maladies.*

A Constantinople, lorsque la peste fait des progrès rapides, et qu'on voit sortir, chaque jour, par la porte d'Andrinople, plus de mille cadavres qui sont conduits au cimetière des Turcs, on fait des prières publiques. Ce sont des enfants et des jeunes gens qui vont en procession, à la place appelée *l'Ocmeïdan* (champ des flèches), et qui implorent la miséricorde du ciel. La peste qu'on redoute le plus à Constantinople, à Smyrne, et dans tout le Levant, est celle qui vient d'Egypte ; en ce dernier pays, on redoute davantage celle qui vient de Syrie.

C'est assez séjourner à Stamboul ; il est temps de quitter cette ville que la nature a tant favorisée, et qu'un peuple incorrigible habite à la honte de l'Europe civilisée.

Que j'éprouvai un vif regret de n'avoir point parcouru la Syrie ! Revenir en Europe sans avoir vu Alep, cette ancienne Bercœa, qui est bâtie sur huit monticules ; le tombeau de Zacharie ; le fort qui fut, dit-on, construit par Joab, officier de David, et le château par Abraham !

Avec quel plaisir j'aurais remonté la rivière d'Oronte, pour me rendre à Damas, située dans une plaine fertile au pied du mont Liban, dont parle souvent l'Ecriture-Sainte ! On prétend que cette ville doit sa fondation au père des croyants, et même que c'est de là qu'il envoya son esclave Eliézer chercher une femme à son fils Isaac.

On voit à Damas une mosquée couverte en plomb, et dont la flèche est dorée.

Les musulmans prétendent que Jésus-Christ doit descendre dans cette **mosquée**, et Mahomet paraître à Jérusalem : c'est pour cette raison qu'elle a été dédiée à saint Jean.

On voit encore dans cette ville le tombeau d'Ananie, maître de saint Paul. La maison de cet apôtre subsiste également ; elle est petite et renferme deux cellules qui se touchent : dans l'une est un autel à l'usage des chrétiens jacobites ; l'autre est réservée aux musulmans.

C'est près de Damas que retentirent ces mots prononcés par une voix céleste : *Saul ! Saul ! pourquoi me persécutes-tu ?*

Aux environs de cette ville est un champ, où les Turcs prétendent que le premier homme fut créé. Ils montrent aussi un monticule, en assurant que c'est là où Caïn tua son frère Abel.

J'aurais encore visité Balbek, au nord-ouest de Damas : les uns prétendent que ce fut Héliopolis, d'autres Nicomédie ; elle est célèbre par la magnificence de ses ruines qui s'étendent entre le Liban et l'anti-Liban.

De Balbek je serais allé à Tadmor, l'ancienne Palmyre : ce nom rappelle Zénobie qui mourut à Rome, esclave d'Aurélien, et le supplice honteux du célèbre Longin. J'aurais erré parmi les débris de ces palais, de ces temples jadis si majestueux ; j'aurais contemplé avec un profond recueillement ces fragments de colonnes, ces portiques mutilés, et je me serais écrié : « Voilà donc tout ce qui reste de cette ville si célèbre que fonda le grand Salomon, de cette Palmyre, l'orgueil de la Syrie, et où régnèrent Odenat et Zénobie ! »

De Tadmor je serais allé peut-être à Antioche, où ceux qui crurent à la prédication des apôtres prirent les premiers le nom de chrétiens. Cette ville n'a plus rien de remarquable ; à peine y voit-on quelques traces de la magnificence qui la distinguait, alors qu'elle était le séjour des successeurs d'Alexandre-le-Grand.

Mais ces digressions m'éloignent trop de mon sujet.

Notre intention étant de visiter les côtes d'Afrique, mon père aurait préféré s'embarquer pour Tunis. Mais mon frère et moi nous demandâmes à voyager par terre, afin de nous livrer à quelques recherches moins rapides et plus positives que toutes celles que nous venions de faire.

CHAPITRE II

Andrinople. — Philippopoli. — Sophia. — Raguse. — Tripoli. — Tunis. — Kairouan.

De Constantinople nous nous rendîmes directement à Andrinople, après avoir passé des nuits bien tristes, dans les lieux où nous fûmes forcés de nous arrêter.

Les monuments les plus remarquables de cette ville sont la mosquée de Sélim et le bazar d'Ali-Pacha.

La mosquée est sans contredit ce qu'on peut voir de plus beau en ce genre. De la première galerie d'un minaret, on jouit d'un coup-d'œil admirable. La ville est environnée d'une campagne magnifique, dont rien ne vous dérobe les surprenantes beautés.

Le bazar d'Ali-Pacha est un édifice construit en briques blanches et rouges. La longueur est d'environ trois cents pas. C'est là où se vendent les châles, les mousselines, la joaillerie, etc.

Andrinople, dépeuplée par la peste en 1812 et 1813, exposée aux rapines des brigands qui infestent ses environs, n'a plus le mouvement qu'on admirait autrefois, et souffre dans son commerce.

Nous restâmes deux jours seulement à Andrinople, d'où nous nous orientâmes vers le village de Mustapha-Pacha-Kenpri, trouvant un gîte, tantôt à Sibitché, tantôt à Duzoundgiora, Cramly, Papasty, bourgades fort insignifiantes.

Enfin, nous atteignimes Philippopoli, ville agréablement située, et bâtie sur trois petites collines, au milieu d'une belle et vaste plaine. Ceux qui s'y dirigent du côté du nord, la découvrent à une distance de trois lieues. Et c'est sans doute à cause de sa situation, qu'on la nommait *Trimontium*. Le pont jeté sur la Maritza, l'ancien Hèbre, qui la traverse est fort long, et l'on y jouit d'un superbe point de vue

Nous restâmes trois jours dans cette ville, pour nous remettre de nos fatigues et nous préparer à de nouvelles.

Je ne parlerai pas de tous les lieux que nous avons parcourus, le détail en serait fastidieux. Nous étions pressés d'arriver à Sophia, ville boueuse et petite, où l'on ne peut marcher qu'en bottes. Elle est située dans une plaine fertile et très agréable. On croit communément que Sophia est l'ancienne *Sardique*, capitale de la Mésie : elle fut rebâtie par l'empereur Justinien. Selon les historiens orientaux, les Bulgares habitaient un grand pays à l'orient d 1 Volga. Bulgar était petit-fils de Japhet, et la ville qui portait son nom était à vingt journées de Saraï, capitale de la Crimée. Vers l'an 500 de Jésus-Christ, les peuples de ce pays-là passèrent dans la Dacie et dans la Mésie. Ils se firent connaître sous le nom de Bulgares du temps d'Anastase et de ses successeurs. Après plusieurs guerres meurtrières, ils furent enfin subjugués par l'empereur Basile, l'an 408 de l'hégire qui est l'an 1017 de Jésus-Christ. Après leur défaite, ils se firent chrétiens.

Sophia possède des eaux minérales et des bains délicieux, situés à deux lieues de ses murs. Si cette ville était pavée et mieux entretenue, le séjour en serait fort agréable.

De Sophia à Raguse, rien ne m'ayant paru digne d'être signalé, je passe outre, ou plutôt je quitte le golfe de Venise pour cingler vers Tripoli.

De Raguse à Tripoli nous essuyâmes quelques

coups de vent qui retardèrent notre traversée. Enfin la vigie, à cheval sur le beaupré, s'écria par une matinée assez sombre : « Terre ! » Et nous entrâmes dans le port de Tripoli.

Aussitôt que nous eûmes mis pied à terre, nous rendîmes visite au consul de France qui nous força d'accepter un logement chez lui.

Tripoli était connue des Romains sous le nom d'*Œa* ; c'était alors une ville assez importante. Plus tard elle eut un évêché qui dépendait de Carthage.

Aujourd'hui elle est peuplée de Turcs, de Maures et de Juifs. Il y a aussi quelques chrétiens qui y font le commerce sous la protection des consuls d'Angleterre et de France.

Nous visitâmes une église fort belle et un hôpital qui contient plus de deux cents lits réservés aux chrétiens. Ces deux monuments appartiennent aux Franciscains.

Nous vîmes encore avec plaisir les bains, les mosquées, et un arc de triomphe placé non loin de la porte marine.

Les rues de Tripoli sont étroites et sales ; mais son port d'où s'exportent du blé, des dattes, de l'huile, des étoffes de laine, du séné, des plumes d'autruche, de la poudre d'or, est très bon. Elle est la capitale d'une république dont les villes principales sont Derne, grande ville située sur la Méditerranée, et Lebida, autrefois Leptis, patrie de l'empereur Sévère, prince courageux et spirituel qui favorisa les lettres.

Les environs de Lebida sont comme le reste du royaume de Tripoli, stériles et sablonneux. Cependant on recueille le long de la côte des citrons, des limons, des oranges, du safran qui passe pour excellent, et une plante nommée *Lotus*, dont les habitants font une délicieuse liqueur. Le fruit de cette plante est noirâtre ; il a la forme d'une figue et la couleur d'une cerise. Les anciens en faisaient grand cas : les poètes prétendent qu'il a la propriété de faire oublier tout le plaisir qu'on peut trouver ailleurs, même dans sa patrie.

Enfin nous primes congé du consul de France, dont les bontés pour nous avaient été aussi nombreuses que délicates.

Brûlant de voir les ruines de Carthage nous fîmes voile pour Tunis. Un orage qui survint, lorsque nous fûmes à la hauteur de la petite île de Lampedousa, nous força d'aborder la ville la plus voisine, et nous eûmes le bonheur de prendre terre à Sousa, sans avoir éprouvé le moindre accident. C'est une petite ville assez commerçante, défendue par une forteresse et dont le port est excellent.

Nous y démeurâmes deux jours, en attendant

que les vents nous permissent de continuer notre route. Au troisième, nous nous embarquâmes, et lorsque nous eûmes doublé le cap Bon, nous arrivâmes enfin à Tunis.

Cette ville est grande, riche, très bien fortifiée, à douze mille des ruines de Carthage, et presque au bord d'un lac dont l'eau est salée, car ce lac communique avec la mer, au moyen d'un canal appelé *la Goulette*. Les maisons en sont basses, les rues assez larges, mais très sales; les mosquées chétives; le peuple qui se montre peu au-dehors a quelque chose de hagard et de sauvage.

Dans les rues qui sont le moins fréquentées on laisse même pourrir les bêtes mortes; négligence qui, seule avec la chaleur du climat, suffirait pour y causer les maladies contagieuses qui y règnent une partie de l'année. Les deux côtés de chaque rue étant relevés pour la circulation des gens de pied, laissent un milieu enfoncé et très étroit par où passent les chevaux, ce qui cause de nombreux embarras et produit un égout pestilentiel. Comme on ne voit point de fenêtres sur les rues, et que les maisons sont à toits plats, il en résulte que les étrangers s'imaginent marcher entre deux murs de clôture prolongés et non entre deux rangs de maisons solitaires. Il n'y a de beau que le bazar, ou marché, qui consiste en deux rues qui se croisent presque à angle droit, plus larges et plus longues que les autres : elles sont couvertes et pleines de boutiques assez bien garnies. Quand on est placé au milieu du carrefour, on voit ces rues, dont le second étage, qui avance de cinq ou six pieds, est soutenu par plusieurs piliers imitant le marbre : cette disposition produit une curieuse perspective dont l'enfoncement d'un côté est terminé par la maison de la Monnaie qui se trouve en face avec sa double rangée de colonnes.

Le commerce de Tunis est considérable et se fait en partie avec les Marseillais et les Génois. La population est d'environ cinquante mille habitants.

En 1270, saint Louis mourut de la peste, en l'assiégeant. Charles-Quint, plus heureux, s'en rendit maître en 1535; mais les Turcs la reprirent quarante ans après.

Avec quel religieux respect nous pénétrâmes dans la chapelle élevée à la mémoire du pieux monarque dont s'honore la France! Que notre recueillement fut profond, et que l'encens de notre prière dut monter lentement vers les cieux!

Tunis manque d'eau douce. Ses habitants sont obligés de boire celle que l'on puise dans des citernes et dans quelques puits des environs.

A trois lieues de Tunis sont les ruines de Carthage qui rappellent Didon, Annibal, Scipion, Marius, saint Augustin, docteur de l'Eglise.

Cette ville célèbre, détruite cent quarante-trois ans avant l'ère chrétienne, fut rétablie par Jules-César; mais les Sarrasins, s'en étant emparés en 698, la réduisirent en cendres.

Il serait difficile de décrire mon émotion à la vue des ruines de la cité qui balança longtemps la puissance romaine, qui plus tard fut le foyer des lumières et retentit de la voix victorieuse de saint Augustin, alors qu'il confondait les Ariens, les Priscillianistes, les Origénistes, les Manichéens, les Donatistes, les Pélagiens, les semi-Pélagiens. Dans chaque débris mon imagination cherchait un souvenir de gloire; je revoyais la citadelle *Byrsa*, le port *Cothon*, une foule palpitante, ces sacrifices sanglants, cette lutte d'une grande cité à l'agonie; cet incendie excité par la fureur romaine; cette nouvelle Carthage assiégée, ravagée par le cruel Genséric, roi des Vandales; enfin ce dernier triomphe de la barbarie qui a fait disparaître jusqu'aux décombres mêmes de l'ancienne capitale de l'Afrique, fondée par les Phéniciens, 883 ans avant Jésus-Christ.

Je ne pus visiter Porto-Farina, qui est l'ancienne Utique, célèbre par la mort de Caton-le-Jeune. On y voit encore, dit-on, la maison où ce citoyen vertueux mais egaré, se plongea son épée dans le cœur, après la bataille de Pharsale. Il eût été plus glorieux de vivre pour sa patrie ; mais les anciens, privés des lumières du christianisme, rapportant tout au destin, courbaient le front sous les coups de la fortune : en un mot, ils ne savaient pas souffrir. J'aurais encore pris un vif plaisir à visiter le magnifique amphithéâtre de El-Jem qui s'est conservé presque intact au milieu des ruines de l'ancienne Tysdrus. C'est un des beaux spécimens de l'art antique. Mais le temps manquait pour que je pusse satisfaire ma curiosité d'artiste.

Au dix-neuvième siècle, les beys de Tunis tiraient un immense profit de la vente des esclaves chrétiens qui s'y trouvaient en grand nombre. Quelques-uns de ces infortunés reniaient leur foi, pour échapper aux souffrances qui les attendaient ; mais on les vit aussi pour la plupart préférer les tourments de l'esclavage à la honte de devenir apostats. Je me contenterai de rapporter l'exemple d'un jeune esclave sicilien, nommé François Martin, âgé de douze ans. Le bey Morat auquel il appartenait l'avait mis dans sa maison de plaisance, éloignée d'une demi-heure de Tunis. Ce maître cruel, voulant le forcer à renoncer au christianisme, avait usé de tous les moyens doux ou violents. Comme l'enfant résistait aux caresses, aux menaces, et même à la bastonnade, le bey furieux demanda un jour des flambeaux ardents, et les fit appliquer sur les mains du jeune sicilien, dont ce supplice raffiné n'ébranla point la constance héroïque. Cet exemple de courage dans un enfant étonna les barbares et pénétra les chrétiens d'admiration. Le consul de France en fut si touché qu'il racheta le jeune esclave : le bey confus d'avoir été vaincu par un faible enfant, le céda volontiers. Le jeune martyr fut donc rendu à sa patrie, douce récompense de son pieux courage, qui fut encore couronné par un autre triomphe : un de ses oncles, un cousin germain qui gémissaient aussi dans l'esclavage, durent leur liberté au consul de France, qui voulut, en cette circonstance, s'associer complètement à la gloire du petit François Martin. Je ne puis m'empêcher de raconter une aventure assez plaisante.

Mon excellent père, dans l'une de nos excursions aux environs de Tunis, ayant fait une chute et s'étant blessé légèrement à la main droite, fut forcé d'avoir recours à un barbier musulman. Celui-ci, après un grand nombre de difficultés, consentit à rendre ce service à un chrétien. Le bourreau eût mieux fait de persister dans son stupide refus. Sa main lourde, au lieu de savonner mon père, lui maltraita le nez, les oreilles de la manière la plus impitoyable ; la mousse blanchâtre lui pénétra jusque dans les yeux : l'infortuné, craignant de suffoquer, n'osait respirer. Sa position était des plus critiques ; jamais martyre ne fut plus cruellement raffiné : enfin l'arme fatale fut promenée sur la figure du patient... Ce dernier poussa un cri aigu ; non seulement le barbier lui arrachait réellement la barbe, mais il lui avait de prime abord balafré la joue droite. Vaincu par la douleur, mon père prit la fuite et rentra chez le consul. Que faire ? Touché de sa triste position, je lui offris d'être son barbier. Il fut, malgré ses justes appréhensions, forcé de se résigner. Armé de mon rasoir, je fis l'essai de mon talent sur le pauvre écorché. Tout alla, quoique lentement, le mieux du monde, et dans la suite je pus rendre pareil service au plus tendre, au plus dévoué des pères.

A cette occasion, je rapporterai un trait non moins burlesque d'un voyageur. C'est lui qui parle :

« Un jour, j'eus la fantaisie d'entrer dans la boutique d'un barbier turc. Après m'avoir bien regardé de la tête aux pieds, le maître me fit asseoir sur une pierre. Quand on m'eut lavé, frotté pendant un quart d'heure, je sentis non un rasoir, mais un eustache qui m'échorchait tout vif : ce maudit Turc me tordait le cou, me posait la tête sur son genou et m'étreignait à m'étouffer. Prenant mon mal en patience, je le priai de me raser la moustache; par scrupule, il ne voulut jamais y consentir. Pour comble de guignon, en me secouant la tête, il fit tomber ma perruque dans la boue qui remplissait sa boutique. Jamais étonnement ne fut pareil à celui de ce vrai musulman, à l'aspect de ma fausse chevelure. Il restait immobile, le rasoir à la main tous les assistants rirent aux éclats de ma disgrâce. Je ramassai tristement ma fausse chevelure, et je sortis aussi confus que le renard de la fable, après avoir perdu la plus grande partie de sa queue. Pourtant j'ai fini par rire moi-même de cette plaisante aventure. »

KAIROUAN (1).

Si la ville de Tunis est devenue depuis de longs siècles la capitale politique de la régence à laquelle

(1) *Note des Éditeurs.* — Au moment où nos troupes, formées en plusieurs colonnes d'attaques, viennent d'entrer à Kairouan (26 octobre 1881) et que le drapeau protecteur de la France flotte sur les mosquées et minarets de cette ancienne cité, nous croyons intéressant de mettre sous les yeux de nos jeunes lecteurs l'extrait d'un travail très remarquable publié en 1860 sur la régence de Tunis, par M. Victor Guérin, agrégé, docteur ès-lettres, qui est un des rares européens, peut-être le seul Français qui soit allé à Kairouan, et qui, après l'avoir visité, l'ait décrit *de visu.*

M. Guérin a parcouru, en 1860, la régence de Tunis, d'une extrémité à l'autre, et en a visité toutes les villes soit de la côte, soit de l'intérieur. Les résultats considérables de sa mission ont été consignés dans un ouvrage en deux volumes grand in-8°, publiés sous les auspices du duc de Luynes, par la librairie Plon.

elle a donné son nom, si elle est le siège du gouvernement et le centre du commerce, on peut dire néanmoins que la ville de Kairouan est toujours demeurée dans l'esprit des masses, la capitale religieuse de la contrée. Fondée par le conquérant Okbah, à l'époque de l'invasion des Arabes dans le nord-ouest de l'Afrique, elle a gardé, à cause de cette fondation même, aux yeux des fidèles musulmans un prestige sacré qu'aucune autre ville ne peut lui disputer dans toute l'étendue de la régence.

C'est la cité sainte par excellence, c'est la véritable métropole du culte, métropole où le croissant domine sans partage. Là, jamais le muezzin, en annonçant la prière du haut des minarets, n'a rencontré de son regard indigné aucun autre symbole religieux arboré sur un sanctuaire rival, où le nom de Mahomet ne fût point invoqué; là, depuis douze siècles, l'iman, interprète et apôtre du Coran, n'a jamais vu paraître en sa présence le ministre de l'Évangile. Kairouan, en effet, a toujours été une ville rigoureusement interdite à ceux qui ne professent pas l'islamisme. Ce n'est que par exception qu'un petit nombre de voyageurs chrétiens ont pu y pénétrer.

Située au centre d'une grande plaine, en partie marécageuse, à 50 kilomètres à l'ouest de Sousa et à 140 environ au sud de Tunis, elle s'élève solitaire dans un véritable désert presque entièrement dépourvu d'arbres et d'arbustes. Dans les années pluvieuses, ce désert néanmoins s'anime, tant est féconde alors cette terre d'Afrique sous les rayons de son soleil vivifiant, et de beaux pâturages y attirent de nombreux troupeaux conduits par des tribus nomades d'Arabes qui continuent à vivre maintenant, comme vivaient les Numides de l'antiquité.

Cette localité était autrefois très boisée, lorsque Okbah, l'an 55 de l'hégire ou 675 de notre ère, entreprit d'y jeter les fondements de Kairouan : voici ce que raconte, à ce sujet, l'historien arabe Novairi (Ms de la Biblioth. Nat., n° 702, fol. 4).

« Okbah-bed-Nafi, ayant pris la résolution de fonder la ville de Kairouan, conduisit ses soldats vers l'endroit qu'il avait choisi : c'était une fourré épais dans lequel aucun chemin n'était tracé. Aussi lui dirent-ils, quand ils les engagea à se mettre à l'œuvre : « Eh quoi ! tu voudrais nous faire construire une ville sur l'emplacement d'une forêt inextricable ? Comment ne redouterions-nous pas les bêtes sauvages de toute espèce et les serpents dont nous aurions à braver les attaques ? » Okbah dont l'intercession était toute puissante auprès de la Divinité, s'adressant alors à Dieu très haut, tandis que ces guerriers répondaient amen à ses invocations, s'écria : « O vous, serpents et bêtes sauvages, sachez que nous sommes les compagnons du prophète d'Allah ; retirez-vous du lieu que nous avons choisi pour nous établir ; ceux de vous que nous rencontrerions plus tard seraient mis à mort. » Quant il eut achevé ses mots, les musulmans virent avec étonnement pendant toute la journée les bêtes venimeuses et les animaux féroces se retirant au loin en emmenant avec eux leurs petits, miracle qui convertit un grand nombre de Berbers à l'islamisme. Okbah fit ensuite avec ses compagnons, le tour du lieu où il voulait bâtir sa ville nouvelle, adressant des vœux au ciel pour qu'il y fit prospérer la science et la sagesse : puis il ordonna qu'on traçât les rues et qu'on arrachât les arbres. » (Traduction de M. Noël des Vergers.)

Avant d'entrer dans la ville, on remarque plusieurs zaouias ou chapelles consacrées à des santons différents ; quelques-unes sont environnées de tombes, les musulmans ayant l'habitude de placer leurs dernières demeures près de celles des Scheiks dont ils vénèrent la mémoire. Sept faubourgs qui forment autant de quartiers distincts précèdent, en outre, la cité sainte ; celle-ci est enfermée dans une enceinte crénelée et flanquée de distance en distance de tours, soit rondes, soit carrées, à demi-engagées dans la muraille. Comme les pierres manquent dans la vaste plaine de Kairouan, et qu'il faut les aller chercher fort loin, cette enceinte est aux trois quarts construite en briques. Il en est de même de la plupart des maisons de la ville. Quatre portes principales donnent entrée dans la place.

Les rues sont plus larges, moins irrégulières et généralement mieux tenues que dans la plupart des autres villes de la Tunisie. Les maisons n'ont d'ordinaire qu'un seul étage; une des plus belles est celle qui est connue sous le nom de Dar-el-bey ou la maison du bey. Il est inutile de la décrire ici, car toutes les maisons mauresques se ressemblent pour la disposition intérieure, qui maintenant n'est ignorée de personne.

Les édifices religieux sont assez nombreux. On compte une cinquantaine de zaouias ou koubbas de marabouts, et une vingtaine de mosquées. La plus vaste et la plus célèbre de toutes est celle d'Okbah, ou *Djama-el-kebir, la grande mosquée* Je n'ai pu, bien entendu, y pénétrer, les mosquées, en Tunisie et surtout à Kairouan, étant tout à fait inaccessibles aux chrétiens. J'ai pu seulement faire le tour extérieur du quadrilatère qu'elle forme, et encore les scheiks et les chaouhs qui m'escortaient me pressaient-ils de hâter le pas et de ne pas jeter un coup d'œil trop attentif sur ce monument religieux, l'un des plus vénérés de l'islamisme, dans la crainte d'éveiller les murmures et de m'attirer les outrages des habitants. Un haut mur d'enceinte, percé de plusieurs portes, enferme ce quadrilatère; quelques-unes de ces portes sont ornées de colonnes antiques dont les chapiteaux élégants ont perdu malheureusement en partie la grâce de leur forme première, à cause de l'épaisse couche de chaux dont on les a recouverts. Rien ne domine à l'extérieur de cette immense mosquée qu'une grande tour carrée, très large à sa base et couronnée de trois étages en retraite les uns sur les autres. Cette tour s'aperçoit de très loin et c'est elle qui, à la distance de 18 kilomètres environ, signale au voyageur l'approche de Kairouan. L'intérieur de cet édifice et des diverses galeries qu'il comprend est, dit-on, peuplé de magnifiques colonnes en marbre, en granit et en porphyre, enlevées à des monuments antiques.

« Au moment où Okbah se disposait à poser les fondements de cette mosquée, il y eut, rapporte le même historien arabe que j'ai cité tout à l'heure, un grand dissentiment dans la population au sujet de la kibah. On disait qu'à l'avenir les habitants de l'Afrique adopteraient la kibah de cette mosquée, et on engageait Okbah à en déterminer l'emplacement avec le plus grand soin. Okbah eut alors pendant son sommeil une révélation, et une voix d'en haut lui adressa ces paroles : O toi, qui est aimé du Maître des mondes, lorsque le matin sera venu, prends l'étendard, mets-le sur ton épaule, tu entendras devant toi réciter le tekbir, sans qu'aucun autre que toi puisse l'entendre ; le lieu où se terminera la prière, c'est celui-là qu'il faut choisir comme kibah, c'est là qu'il faut placer dans la mosquée le siège de l'iman. Dieu très haut protégera cette ville et cette mosquée ; sa religion y sera établie sur les bases solides et jusqu'à la consommation des temps, les incrédules y seront humiliés. A ces paroles, Okbah sortit de son sommeil, tout éperdu d'une telle révélation ; il fit ses ablutions et se rendit à l'emplacement que devait occuper la mosquée pour y réciter la prière... Bientôt la voix mystérieuse frappa ses oreilles, il la suivit et fixa à l'endroit où elle s'arrêta le siège de l'iman. »

Un autre écrivain arabe, Abou-Obaïd-el-Bekir (voyez notices et extraits de la bibliothèque nationale, tome XII, pages 468 et suivantes), nous apprend que cette mosquée fut rasée et rebâtie l'an 69 de l'hégire (689 de notre ère), par Hussanben-Nouman, à l'exception du mihrab qu'il embellit, en y transportant deux superbes colonnes de pierre rouge marquée de taches jaunes, enlevées aux ruines d'une église chrétienne, et pour lesquelles, ajoute cet historien-géographe, l'empereur de Constantinople avait vainement offert leur poids en or. Sous le khalifat de Hescham-ben-Abd-el-Melek, onzième khalife de la dynastie des Ommiades, vers l'an 105 de l'hégire, l'an 724 de notre ère, cette mosquée fut reconstruite sur un plan plus vaste. Cinquante ans plus tard, Yezid-ben-Hatem, étant le gouverneur de la province d'Afrikyah, la fit démolir de nouveau, à l'exception du mihrab, et la rebâtit ensuite. L'an 205 de l'hégire, ou 820 de l'ère chrétienne, Zyadet-Allah, fils d'Ibrahim-ben-Aglab, le fondateur de la dynastie des Aglabites, la rasa pour la troisième fois. Comme il se disposait à détruire aussi le mihrab, on lui objecta que tous ses prédécesseurs avaient abandonné ce projet, attendu que cette partie de l'édifice avait été élevée par Okbah-ben-Nafi ; il le conserva donc, tout en le masquant par un mur ; quant au reste du monument, il le rebâtit tout en entier. Quelques réparations et adjonctions eurent lieu encore plus tard ; actuellement cette mosquée aurait besoin d'une restauration complète. Le nombre de colonnes qu'elle renferme, d'après les renseignements qu'on m'a donnés, se monte à 500 environ, chiffre probablement exagéré ; car Bekri nous dit que, de son temps, c'est-à-dire l'an 460 de l'hégire, on en comptait 414, et il n'est point à croire que depuis cette époque ce nombre, qui semble déjà si considérable, ait encore augmenté, l'importance de la ville et, partant, la splendeur de la mosquée ayant diminué de plus en plus.

Telle est, en un peu de mots, l'histoire, telle est aussi, autant que je puis la donner, la description de ce monument célèbre, qui, tout vaste qu'il est, ne m'a pas paru répondre, extérieurement du moins, à la renommée extraordinaire dont il jouit dans toute la Régence de Tunis.

Bien que déchue singulièrement de son ancienne splendeur, Kairouan n'en est pas moins, après Tunis, une des villes les plus peuplées de la Régence ; mais ce qui la distingue surtout, c'est le caractère sacré dont elle est revêtue, caractère qu'elle doit à son origine, à la sainteté de sa mosquée principale, au grand nombre de ses zaouïas et de ses marabouts, et à l'inviolabilité de son territoire.

CHAPITRE III

ALGER.

Après avoir remercié le consul de France, qui daigna nous accompagner jusqu'au port, nous montâmes sur une félouque qui devait mouiller à Bône.

Cette ville, située au nord de l'antique Cirta, (aujourd'hui Constantine), et dans un terroir extrêmement fertile, est dominée par un petit fort qui renfermait, avant la conquête des Français, une garnison de trois cents Turcs, sous les ordres de l'aga qui commandait la place. Charles-Quint s'en empara vers l'an 1555. Bône s'appelait autrefois Hippone. C'était une ville grande, riche, avec un siège épiscopal qui fut occupé par saint Augustin.

Je dois parler ici d'un des plus beaux spectacles que la religion ait offert sur cette terre d'Afrique, si longtemps privée de la pompe des cérémonies chrétiennes. Les reliques de saint Augustin transportées en Sardaigne et précieusement conservées à Pavie, firent concevoir à l'évêque d'Alger, monseigneur Dupuch, le pieux projet de rendre à l'Afrique les restes du saint docteur. Bientôt un monument fut élevé aux frais des évêques de France, dans le lieu même, qui, suivant la tradition, avait été choisi pour la sépulture de saint Augustin. L'église de Pavie accorda une partie des reliques qu'elle a le bonheur de posséder. Monseigneur Dupuch, accompagné de six évêques, députés de l'épiscopat français, se rendit à Pavie, où il reçut solennellement le bras droit du corps de saint Augustin.

De Pavie, les évêques prirent la route de Toulon où ils s'embarquèrent pour l'Afrique. Le 28 octobre 1842, ils étaient dans la rade de Bône. Au signal donné par l'artillerie de la kasbah, une foule considérable de Turcs, de Maures, d'Arabes et d'Européens, se précipitent sur le rivage. Jamais l'Afrique depuis les jours d'Augustin n'avait assisté à un plus sublime spectacle. Les évêques, dans la dernière chaloupe, et revêtus de leurs ornements, fermaient la marche. Les autorités civiles et militaires, avec toute la garnison, les attendaient sur le port.

Un arc de triomphe en verdure portait cette inscription : *A Augustin son Hippone chérie.*

Le cortège, après plusieurs discours qui excitèrent la plus vive émotion, se mit en marche. Toutes les maisons étaient tendues et les rues jonchées de feuillage. Un autel à la fois simple et majestueux avait été élevé au milieu de la grande place. On y déposa les précieuses reliques. Après le sacrifice de la messe, monseigneur l'évêque d'Alger, dans une chaleureuse improvisation, retraça le siège d'Hippone par les Vandales, peignit l'effroi dont cette grande ville était remplie aux cris des barbares, appelés par la vengeance de Dieu. Puis, au milieu de tant de calamités, montrant saint Augustin qui rendait le dernier soupir en priant pour son peuple, il s'écria : « Sans doute, Dieu, pour le consoler à son heure dernière, lui fit entrevoir dans le lointain cet heureux jour qui devait ramener en triomphe dans son Hippone chérie, ses restes vénérés. »

Après la messe, les évêques montèrent successivement à l'autel, pour vénérer les ossements précieux d'Augustin; puis monseigneur l'évêque d'Alger prenant dans ses mains les saintes reliques, les montra au peuple et le bénit solennellement.

La procession se mit en marche en chantant le *Te Deum*, et vint à l'église où les reliques furent placées pour y être exposées à la vénération des fidèles.

La grande cérémonie devait avoir lieu le dimanche 30. En effet, ce jour-là, les reliques de saint Augustin furent transférées pompeusement à Hippone, qui est à une demi-lieue de Bône, et placées dans le monument élevé sur cette bienheureuse colline, par le concours des évêques de France.

Je reprends le récit de mon voyage.

Impatients de voir Alger, cette ancienne Césarée de Mauritanie, nous montâmes le jour même sur un bateau à vapeur qui y retournait. Enfin nous jetâmes l'ancre dans le port, qui n'est ni vaste, ni sûr, et qui était encombré de navires de diverses nations. Après un long retard dans notre débarquement, nous allâmes chercher un abri dans un hôtel français.

On est incertain sur l'origine d'Alger, et pas un géographe n'est d'accord à ce sujet. On peut croire toutefois, à la vue des voies romaines qui paraissent y aboutir, et qui établissaient des moyens de communication avec l'intérieur, que ce peuple-roi l'avait réduite sous sa grande et inévitable domination.

Les Vandales, qui s'en étaient emparés en 428,

en furent chassés par Bélisaire, en 533. Elle demeura sous l'empire grec, jusqu'à l'invasion des Sarrasins, en 690. A cette époque, ce pays fut gouverné par les successeurs des khalifes.

Les Arabes appelèrent Alger, *Gezaïr, al Gezaïr,* c'est-à-dire l'Ile, parce qu'en effet elle est bâtie devant une petite île, ou si l'on veut auprès d'un amas de rochers qui en forment le port. Plus tard les Turcs ajoutèrent à son nom *Gezaïr,* celui de *al Gazie, la guerrière.* De ce nom les Européens ont fait *Argel, Argier, Algier,* et enfin *Alger.*

Disposée en amphithéâtre triangulaire, dont un des côtés touche à la mer, cette cité ne présente de loin qu'une masse grisâtre ressemblant plutôt à un rocher qu'à une ville; mais quand on en approche, on découvre bientôt un mur de trente-trois à quarante pieds de hauteur sur dix ou douze d'épaisseur; puis, dans l'enceinte de ce mur, une foule de murailles unies et d'une blancheur éclatante, se superposant et se dominant, selon les accidents et l'inclinaison du terrain, d'où il résulte une infinité de quadrilatères d'inégales grandeurs et sans aucun intervalle. Nulle trace de toits ni de fenêtres, mais seulement d'étroites meurtrières que le regard ne peut traverser; aucun édifice, car on ne peut donner ce nom aux tours étroites et sans ornements qui dominent les mosquées et constituent les minarets.

Dans le xiv⁰ siècle, l'Espagne s'en empara, mais bientôt le fameux Aroudj-Barberousse parvint à chasser les Espagnols et resta même possesseur d'Alger, après avoir fait étrangler dans le bain Sélim Lutémi, qui avait eu l'imprudence d'appeler auprès de lui ce terrible corsaire.

Les Espagnols avaient construit un penon, ou château-fort sur l'un des îlots du port d'Alger, qui, plus d'une fois, fut foudroyé par une nombreuse artillerie : les habitants, effrayés d'un tel voisinage, avaient tenté plusieurs fois, mais en vain, de détruire cette forteresse qui, semblable au cratère d'un volcan, menaçait sans cesse de les ensevelir sous les ruines de leur ville. Khaïr-eddyn, frère et successeur d'Aroudj-Barberousse, résolut enfin d'en finir avec les Espagnols : le nouveau chef de la Régence était alors tout puissant, et le penon seul s'opposait à ses vastes projets. Le défenseur de ce château-fort, en 1530, était Martin de Vargas, qui appartenait à une illustre famille espagnole. Ce guerrier courageux, qui avait repoussé les attaques de Sélim Lutémi et d'Aroudj-Barberousse, fit tous les préparatifs nécessaires pour déjouer celles de Khaïr-eddyn; en même temps, il pria son souverain de lui envoyer des vivres, car la place souffrait déjà de la famine. Les Algériens, d'après les chroniqueurs, ignoraient la position de Vargas, lorsqu'un transfuge, indigne de porter le nom d'Espagnol, vint secrètement à la nage, les trouver et leur faire connaître que la disette régnait dans la place. Cette circonstance, favorable en apparence, décida Khaïr-eddyn à ne pas différer l'entreprise; mais voulant éviter de répandre inutilement le sang de ses soldats, il essaya d'abord d'obtenir le château par voie de négociation. En conséquence, il envoya un parlementaire chargé de proposer à Vargas une capitulation honorable pour lui et pour le reste de la garnison. Martin de Vargas répondit avec la fierté castillane, et de manière à mettre fin à toute proposition de ce genre. Dès lors les Algériens, décidés non seulement à délivrer leur pays, mais encore à venger leur honneur, hâtèrent les préparatifs du siège.

On raconte également que le corsaire Khaïr-eddyn, voulant se ménager des intelligences dans le penon, avait engagé deux jeunes Maures à s'y rendre clandestinement, sous prétexte d'embrasser la religion chrétienne. Martin de Vargas s'empressa d'accueillir les deux transfuges qu'il fit instruire avec soin, et qu'il avait l'intention de faire baptiser plus tard. Le jour de Pâques le capitaine espagnol et ses soldats assistaient à l'office dans la chapelle, lorsque les deux Maures montèrent sur une terrasse, et firent des signes aux assiégeants, pour leur annoncer sans doute que le moment de l'attaque était propice. De Vargas en eut aussitôt avis. La trahison était flagrante; le commandant, sans doute pour braver le corsaire, fit pendre, aux yeux de toute la population d'Alger, les deux espions.

Khaïr-eddyn, à la suite de cet évènement tragique, et de propositions aussi infructueuses que les premières, éleva une batterie, avec des canons fondus dans Alger même, vis-à-vis du fort : il y joignit l'artillerie d'un galion français qui se trouvait par hasard au mouillage. Enfin l'attaque générale commença le 6 mai; elle se prolongea durant plusieurs jours et plusieurs nuits. La mousqueterie ne cessa pas non plus de tirer : il dut en résulter assez de mal, puisque la distance du penon à la terre ferme n'est que d'un peu plus de deux cents mètres.

Avec ses galères, Khaïr-eddyn ne négligea pas de battre la forteresse du côté de la mer, de sorte que les Espagnols, attaqués de tous côtés, furent contraints de partager leur feu, et de répondre de tous les points de leurs plates-formes et de leurs batteries circulaires. Le 16 mai, les parapets étaient tous démantelés, et les murs du château écroulés en plus d'un endroit ; beaucoup d'entre les assiégés avaient succombé, ou se trouvaient hors de combat : ceux qui restaient, épuisés par la fatigue et mourant de faim, n'avaient plus la force de se défendre. Khaïr-eddyn, à la tête de treize cents Turcs, tous armées de fusils ou d'arbalètes, passa l'eau sur quatorze galiotes et vint mettre pied à terre sur les rochers du fort, sans que le moindre obstacle l'arrêtât. Alors les Turcs se portèrent en masse vers la brèche, où ils virent tout à coup Martin de Vargas, seul, l'épée à la main, et qui cependant voulait encore s'opposer à leur passage. Atteint de plusieurs blessures, près de défaillir, il fut saisi par ordre de Khaïr-eddyn qui lui accorda généreusement la vie. Le corsaire, appréciant la valeur du commandant espagnol honora même sa défaite glorieuse par des paroles dignes d'un vainqueur magnanime.

Quant à la garnison, une partie fut massacrée, et l'autre réduite en esclavage. Le penon fut rasé et transformé en un jardin : on prétend même que les matériaux servirent à joindre les îlots à la terre ferme par le moyen d'une jetée : c'était, depuis longtemps, le projet des Algériens.

Khaïr-eddyn, à la demande de Martin de Vargas, fit fouetter et décapiter le transfuge espagnol :

tout le monde approuva ce châtiment, tant il est vrai qu'un traitre ne doit compter ni sur l'estime de ceux qu'il a servis, ni sur la pitié de ceux qu'il a lâchement abandonnés.

Khaïr-eddyn, cependant, souilla bientôt sa victoire par un acte de cruauté inutile. Après le supplice que je viens de rapporter, abusant de la reconnaissance qu'il se croyait en droit d'exiger de la part du commandant espagnol, il ne cessa de le presser de renoncer à la foi catholique, et de renouveler l'offre de le mettre à la tête de ses gardes. Vargas, prenant pour exemple le châtiment qui avait été infligé au déserteur espagnol, répondit courageusement au terrible corsaire, qu'il était prêt à lui obéir en toutes circonstances, pourvu qu'il n'exigeât rien contre son honneur et contre la religion de Jésus-Christ. Les instances de Khaïr-eddyn durèrent, à ce qu'il paraît, plusieurs mois, pendant lesquels il employa, pour vaincre la vertu de son prisonnier, tous les moyens de séductions imaginables et même les plus horribles menaces; mais à la fin, irrité d'un si noble résistance, il le fit expirer sous le bâton. A aucune époque de sa vie, sans doute, Khaïreddyn ne commit une action plus odieuse et plus digne de blâme.

Les crimes des corsaires algériens, devenus la

terreur de la Méditerranée, firent une telle impression sur le pape Paul III, qu'il engagea vivement, en 1536, Charles-Quint à prendre la défense de toute la chrétienté. Celui-ci résolut de châtier les forbans et d'anéantir Alger-la-Guerrière. Une flotte immense, sous la conduite de Doria et sous les ordres de l'empereur, se réunit à Carthagène et mit à la voile, le 15 octobre 1541. Elle comptait cinq cent seize bâtiments de transport, et un personnel de trente-six mille hommes, parmi lesquels se faisaient remarquer cent cinquante des plus braves chevaliers de Malte, à la tête de cinq cents de leurs intrépides soldats. On ne peut douter que l'expédition préparée à grands frais, habilement dirigée, n'eût complétement réussi, sans son inopportunité. On en connaît les déplorables résultats. Après avoir éprouvé une violente tempête, la flotte opéra son débarquement au pied des hauteurs qui dominent la plaine de Mustapha. Tout se fit dans l'ordre le plus admirable, et quelques Arabes seuls essayèrent d'y mettre obstacle.

A cette époque, Alger était gouvernée par Hussan-Aga, homme plein de courage et de prudence. Les habitants, effrayés de l'approche des chrétiens, voulaient fuir, avec leurs objets les plus précieux, dans l'intérieur de la régence : pour arrêter cette défection générale, Hussan-Aga eut besoin de toute son influence. L'armée chrétienne fut très heureuse dans ses premières opérations ; les soldats, remplis d'ardeur, renversaient tout ce qui se trouvait sur leur passage ; déjà leurs lignes s'étendaient autour de la cité guerrière ; tout annonçait un succès prompt et glorieux, lorsque, dans l'après-midi du 25 octobre, le ciel se couvrit de nuages. Vers la chute du jour, un froid extrême se fit sentir et la tempête éclata. La pluie alors tomba par torrents. Les soldats, par une négligence inconcevable, n'avaient ni manteaux, ni tentes pour s'abriter et se garantir d'un vent glacial. Aussi le courage leur manqua-t-il en même temps que les forces. La mer s'était soulevée d'une manière incroyable, et les navires ne purent résister à tous les éléments conjurés : les uns rompirent leurs câbles, les autres perdirent leurs ancres et vinrent se briser contre le rivage : un grand nombre s'entr'ouvrirent et coulèrent bas. Quand le jour parut, le désastre fut encore plus grand. La violence du vent et celle de la pluie devinrent telles qu'il était impossible de se tenir debout.

Les Algériens ne manquèrent pas d'attribuer à la protection de Mahomet ce bouleversement de la nature.

Il ne fallut rien moins qu'un aussi prodigieux désastre pour arracher la victoire à Charles Quint

La tempête avait dispersé ses vaisseaux, détruit son camp et livré son armée aux attaques acharnées des Maures et des Arabes. Après plusieurs combats meurtriers, où les Espagnols, et surtout les chevaliers de Malte, firent des prodiges de valeur, on battit en retraite, et l'empereur avec les tristes débris d'une si brillante armée s'embarqua sur les vaisseaux qu'il put réunir et que l'ouragan n'avait pas trop endommagés ; mais, pour comble de malheur, une nouvelle tempête les assaillit et les dispersa en pleine mer.

Telle fut l'issue fatale de cette grande entreprise.

Les Algériens firent un butin immense, et célébrèrent, par toutes sortes de réjouissances, la défaite de leurs ennemis. A dater de cette époque, les corsaires devinrent plus hardis et plus redoutables. Nulle puissance n'osa réprimer leurs brigandages.

Toutefois, en 1601, l'Espagne arma de nouveau contre les pirates d'Alger ; mais la flotille destinée à cette opération, dispersée par une tempête, ne put même pas tirer un coup de canon.

En 1620, les Anglais, à leur tour, veulent châtier ces audacieux corsaires. Un amiral fanfaron, Robert Mausel, part de Portsmouth et revient, sans avoir combattu, bien qu'il se vante des immenses dégâts qu'il a causés à la flotte algérienne. L'histoire, en effet, l'accuse d'être resté à l'ancre dans les ports de la régence. Quatre ans plus tard, les Anglais dirigent contre Alger une flotte nouvelle qui rentre bientôt dans Portsmouth, aussi pure que la première du sang des audacieux forbans.

En 1664, le duc de Beaufort est chargé par le gouvernement français d'aller demander aux Algériens raison de quelques insultes; mais cette expédition n'a pas de résultat : il n'en est pas de même de celle commandée par le fameux Duquesne, en 1682. Les plaintes des marchands français décidèrent Louis XIV à châtier l'insolence des corsaires. L'escadre envoyée contre eux porta la terreur dans Alger par la quantité de bombes qu'elle y lança : le feu prit à la plus grande partie des maisons, et la mosquée la plus importante fut détruite. Les Maures, justement épouvantés, se disposaient à quitter la ville, lorsque les vents contraires forcèrent Duquesne à rentrer dans le port de Toulon. Les corsaires, joyeux de ce départ, recommencèrent leurs courses; mais Duquesne reparut bientôt plus terrible, et menaça de tout détruire. Le bey effrayé demanda la paix; mais le commandant de la flotte française ne voulut traiter que sous la condition qu'on rendrait la liberté à tous les captifs français. Cette première demande fut accordée, et une foule de Français virent briser leurs chaînes. On posa ensuite les conditions de la paix, qui furent, du côté de Duquesne, la délivrance de tous les chrétiens, la restitution de toutes les marchandises et des vaisseaux pris aux Français. Le dey embarrassé d'une pareille demande, assembla le divan. L'amiral Mézomorte, outré de colère, s'éleva contre cette proposition, et, menaçant le dey, courut sur la place publique, où il se fit proclamer chef d'Alger. Ce monstre eut la barbarie de faire attacher le consul de France à la bouche d'un canon et de lancer son corps en lambeaux contre la flotte française. Il fit subir le même supplice à plusieurs autres Français : cette atrocité sans exemple donna lieu à un trait connu, mais qu'on aime toujours à citer. Parmi les malheureuses victimes, un officier algérien reconnut l'ancien capitaine d'un navire français par lequel il avait été attaqué et fait prisonnier : se souvenant de l'humanité de son vainqueur, qui lui avait rendu la liberté sans rançon, il ne put retenir ses larmes à la vue du supplice qu'on lui préparait. n'écoutant donc que la voix de la reconnaissance, il courut chez le dey, pour demander la grâce de son bienfaiteur. Ce monstre, loin d'admirer la noble conduite de l'officier algérien, le repoussa brutalement et donna l'ordre de mettre le feu à la pièce de canon. Alors le suppliant, au comble du désespoir, se jeta au cou du capitaine français, en s'écriant d'une voix déchirante : « Tirez maintenant; puisque je ne puis sauver la vie à mon ami, j'aurai du moins la satisfaction de mourir avec lui. » Tous les spectateurs, à ce trait sublime, laissent éclater leur admiration; les canonniers restent immobiles, et le peuple, toujours entraîné par l'exemple d'une vertu héroïque, délivre aussitôt le prisonnier, aux yeux même du dey qui n'ose s'y opposer.

Duquesne tira vengeance des atrocités commises contre ses infortunés compatriotes. Il brûla tous les vaisseaux d'Alger, détruisit toute la ville basse et une partie de la ville haute. Tant de désastres irritèrent la population contre le dey, qui voyant les Algériens, sans exception, disposés à demander la paix au roi de France, craignit pour sa tête et prit la fuite.

Délivrés de ce monstre, les habitants d'Alger envoyèrent des députés à Louis XIV pour obtenir leur pardon. Le monarque français, qui les reçut dans tout l'éclat de sa grandeur, voulut bien le leur accorder.

En 1688, Alger oublia cette terrible leçon, et le maréchal d'Estrées vint la bombarder de nouveau. Ses corsaires étaient incorrigibles : le châtiment avait beau suivre de près les actes de piraterie, ils les recommençaient avec plus d'audace qu'auparavant. Aussi est-il inutile de citer tout au long les diverses représailles des Etats de la chrétienté; toutes eurent le même résultat. Ce ne fut qu'en 1784, que la Méditerranée devint libre et sûre pour la navigation; car, à cette époque, l'Espagne s'engagea lâchement à payer à ces infâmes écumeurs de mer une somme annuelle de neuf millions, afin que les pavillons de toutes les puissances chrétiennes fussent respectés. La paix entre la France et l'Algérie, après avoir duré plus d'un siècle, fut rompue en l'an vii par les ordres de la Porte, puis rétablie en l'an ix par un traité qui assurait à la France les avantages stipulés par les anciens traités. Bonaparte, alors premier consul, parla en maître et fit trembler les écumeurs de mer.

A la Restauration, les corsaires exercent de nouveaux brigandages. Mais les gouvernements policés sont plus que jamais décidés à ne pas les laisser impunis. Les Etats-Unis d'abord donnent l'exemple, en 1815; l'année suivante, lord Exmouth va devant Alger, avec la mission d'exiger enfin l'abolition de l'esclavage. Pendant qu'une espèce de négociation s'entame, Omar envoie ses corsaires ravager toutes les côtes, après avoir fait jeter le consul anglais en prison, et massacrer, le 20 mai, plus de deux cents pêcheurs de corail de diverses nations, lesquels se trouvaient réunis à Bône, dans une église où l'on célébrait l'office divin. Alors l'indignation fut générale en Europe, et trente voiles, sous les ordres de lord Exmouth, ainsi que six frégates et un brick hollandais, commandés par le vice-amiral Capellin, s'avancent vers la retraite des pirates, le 27 août 1816. Des propositions sont faites à Omar; il les repousse, et soudain l'artillerie tonne de toutes parts. Sur ces entrefaites, deux officiers anglais ont l'audace d'aller attacher une chemise soufrée au premier bâtiment de la flotte algérienne. Cette audacieuse entreprise réussit complétement; en moins d'une heure la marine des pirates est anéantie : l'arsenal et d'autres bâtiments voisins ont le même sort. Le 31 août 1816, lord Exmouth publie les conditions de la paix; on y remarque entre autres celles-ci : Abolition perpétuelle de l'esclavage des chrétiens, et remise à l'amiral, dans les vingt-quatre heures, de tous les esclaves catholiques.

Nous touchons à un grand et solennel dénouement, mais avant d'en faire connaître tous les détails, avant de dérouler l'une des plus belles pages de l'histoire de France, nous citerons deux traits qui prouvent que les deys, malgré leur barbarie, savent quelquefois punir sévèrement ceux qui traitent les chrétiens avec le dernier mépris.

Souvenirs de voyage. 4

— 74 —

En 1638, les Algériens formèrent le projet de s'emparer du trésor de Lorette, qui, depuis plusieurs années, tentait leur coupable avidité. Ali-Péchinin, leur amiral, chargé de cette expédition que les vents contraires ne lui permirent pas d'exécuter, revint à Alger, après avoir pillé les côtes de la Dalmatie. A son retour, il donna une leçon singulière aux Maures. Leur religion est le mahométisme défiguré par une multitude de superstitions que leur enseignent leurs marabouts. Un des grands points de leur croyance est qu'on ne peut rien faire de plus agréable à Dieu que de tuer un chrétien, et qu'on parvient dans l'autre vie à un degré plus ou moins grand de gloire, à proportion du nombre de ceux qu'on a fait périr de ses propres mains. La plupart sont persuadés que ceux qui n'ont pas eu l'avantage d'en tuer au moins un ou deux sont peu considérés dans le ciel. Un Maure, fermement pénétré de cette opinion, à la fois absurde et barbare, voyant Ali-Péchinin débarquer ses esclaves, s'approcha de lui, se jeta à ses pieds et lui tint ce discours : « Invincible Ali, quel bonheur est le tien! depuis que tu as ceint le cimeterre, un nombre infini de chrétiens sont tombés sous tes coups; chaque jour multiplie les victimes les plus agréables que tu puisses immoler à Dieu : quel trône élevé t'attend dans l'autre vie! Que mon sort sera différent! Je n'ai à me glorifier de la mort d'aucun infidèle; tu peux me procurer cet avantage; cela dépend de toi; je l'implore de ta bonté; donne-moi un de ces misérables que je puisse sacrifier à Dieu. »

Ali l'écouta froidement et lui dit qu'il lui accordait volontiers sa demande : « Vois cet esclave, ajouta-t-il, en lui montrant un Espagnol vigoureux, c'est celui que je te destine; passe dans le bois voisin où je vais l'envoyer et fais ton sacrifice. »

Le Maure part transporté de joie. Ali fait approcher l'esclave, l'instruit du vœu du Maure, et lui remettant un sabre et un fusil, il lui ordonna de se rendre dans le bois, et de se défendre si on l'attaquait.

L'Espagnol s'avance hardiment; le Maure, en le voyant en état de défense, s'effraie, prend la fuite et revient trouver l'amiral. Il n'hésite point à lui avouer qu'il n'a pas osé attaquer l'esclave. « Eh! crois-tu, malheureux, lui dit alors Ali, que les chrétiens que j'ai immolés se sont offerts à mes coups sans défense? C'est au péril de ma vie que j'attaque la leur. *Apprends que la mort d'un chrétien n'est agréable à Dieu que lorsqu'on la lui donne avec honneur.* Il n'y a aucun mérite devant lui ni devant les hommes à égorger un infortuné qu'on attaque avec avantage. » Cette réprimande fut applaudie de tous ceux qui l'entendirent, et le Maure se retira accompagné des huées des soldats.

Le trait suivant avait lieu en 1716, sous Baba-Ali, qui sut apprendre aux Maures à respecter les chrétiens. Le consul anglais, M. Thoson Thompson, allant un matin à la loge où s'assemblent les capitaines de vaisseaux, passa sur le môle : arrivé dans un endroit où le chemin était mauvais, et n'offrait qu'un très-petit espace praticable, un Maure vint lui disputer le terrain et le poussa : « Veux-tu me précipiter en bas du môle, lui demanda le consul, et si tu sais qui je suis, oses-tu me disputer le pas? — Et le prétends-tu sur moi? répondit le Maure, toi, vil chrétien! Un musulman est-il fait pour te céder? » A ce mot, il donna un soufflet au consul, le renversa et lui mit un genou sur l'estomac. Le capitaine du port accourut, et menaça le Maure qui prit la fuite. Il fit ses excuses au consul, et s'empressa d'informer Baba-Ali de ce qu'il avait vu; comme il était l'ami du père du Maure, il sollicita en même temps sa grâce. Le dey, à sa considération, voulut bien lui faire celle de la vie ; toutefois, ne pouvant refuser une satisfaction à l'offensé, il résolut de faire donner la bastonnade à l'insolent. « Tu seras vengé, » dit-il au consul qu'il avait envoyé chercher avec le Maure, et se tournant vers ce dernier : « Qu'as-tu fait, malheureux? — Peu de chose, répondit le Maure, j'ai battu un chrétien, un chien qui prétendait être plus que moi et qui m'a dit des injures. — Quoi! reprit Baba-Ali, tu as osé traiter le consul de la manière que tu dis? — Sans doute, répliqua-t-il insolemment; pourquoi le nierais-je? J'ai bien fait; ce n'était pas la peine de m'envoyer chercher. — Tu l'entends, s'écria le dey, outré de son insolence; et se tournant vers le protecteur du coupable : Ne me demande plus sa grâce, il me force à la rétracter... » Il condamna le Maure à recevoir deux mille deux cents coups de bâton. On lui en appliqua d'abord mille sous la plante des pieds, qui furent déchirés jusqu'à la cheville, pendant l'exécution. Comme on ne pouvait lui en donner davantage sans l'exposer à mourir, le dey qui voulait en faire un exemple terrible, l'envoya en prison pour se reposer. Le lendemain on lui appliqua encore mille coups de bâton, et on le jeta dans un cachot, où il mourut de faim et de soif, peu de jours après.

Je cède encore au plaisir de citer l'apologue suivant :

« Un certain Mahomet, célèbre dans tout le nord de l'Afrique par de profondes connaissances en alchimie, régnait à Tunis : chassé du trône à la suite d'une révolution, il vint chercher un refuge à Alger, dont le dey était alors Ibrahim-Hojiah. Celui-ci, après avoir bien accueilli le fugitif, lui promit de le remettre sur le trône, mais à condition qu'il s'engagerait, de son côté, à lui apprendre à faire de l'or. Mahomet accepta le marché. Réintégré dans ses Etats, son premier soin fut d'envoyer à son bienfaiteur, une pompeuse ambassade, chargée pour lui de présents soigneusement emballés dans de riches coffres. Le dey s'empressa d'ouvrir les coffres : il y trouva des bêches, des socs de charrue, et toutes sortes d'instruments de labourage. »

Ibrahim-Hojiah profita-t-il de la leçon? Je ne le pense pas; car les Algériens, de tout temps, furent plus enclins à la piraterie qu'à la culture, source des prospérités d'un empire sagement gouverné.

Cet apologue rappelle le trait de ce cultivateur romain, dont les terres produisaient plus que celles de ses voisins jaloux, et qui l'accusaient de sorcellerie : « Voilà, dit-il au peuple, en montrant ses instruments de labourage déposés sur le forum, mes sorts et toute ma magie. »

Enfin, je vais dérouler sous vos yeux des pages immortelles, l'un des plus beaux titres de la Restauration, c'est-à-dire la prise d'Alger et l'extinction de la piraterie. Ce haut fait d'armes peut supporter le parallèle avec les drames glorieux de l'Empire; l'humanité, l'orgueil national, à cette grande nouvelle, ont envoyé vers les cieux les mêmes accents d'une éternelle reconnaissance.

La guerre avait éclaté entre la France et Alger. Avant cette époque, le gouvernement français avait eu souvent à se plaindre de la conduite coupable des Algériens. En 1818, un brick de la marine française avait été pillé par les habitants de Bône; en 1823, la maison de notre consul avait été visitée et fouillée par les émissaires de Hussein; la pêche du corail, dont nous avions acheté le privilège exclusif, au prix d'une redevance, montée successivement à deux cent mille francs, nous fut enlevée; enfin, les droits d'entrée payés par nos marchandises furent tout à coup augmentés. Mais ce qui occasionna définitivement la guerre fut la conduite du dey envers M. Deval, notre consul. Hussein avait écrit deux lettres à Charles X, touchant l'affaire d'un nommé Bacri, créancier de l'Etat; ces lettres étant restées sans réponse, le dey se persuada que le consul les avait arrêtées. Aussi ne cessa-t-il, depuis ce moment, d'éprouver contre ce dernier un violent dépit, qui devait éclater à la première occasion. Elle se présenta bientôt aux fêtes du Beïram : les consuls européens résidant à Alger se rendaient auprès du bey pour le complimenter au nom de leurs souverains. A l'heure indiquée, M. Deval revint à la Kasbah pour l'accomplissement de ce devoir; c'était le 30 avril 1827. A peine se fut-il présenté devant Hussein, que celui-ci lui demanda impérieusement ses lettres au roi de France, l'accusant de les avoir soustraites. Le consul répondit avec dignité. Hussein se laissa aller à un torrent d'invectives contre M. Deval; puis, se saisissant d'un grand éventail propre à chasser les mouches, il l'en frappa. « Ce n'est pas à moi, s'écria le consul, c'est au roi de France que l'insulte a été faite, le roi de France saura la venger. » Disant cela, il se retira à pas lents de la présence du dey, manifestant beaucoup de calme et d'assurance dans sa démarche et son maintien. Tel fut le motif de la guerre déclarée le 15 juin 1827. Ce fut Hussein qui la commença. Le 17 de ce mois, des Turcs de Constantine détruisent de fond en comble nos établissements du fort La Calle: les colons français furent au moment d'être exterminés. A peine eurent-ils le temps de chercher un asile à bord d'un bâtiment français alors en rade.

Une division de l'armée navale se porta; dès le mois de juillet, devant Alger, qu'elle assujétit à un blocus aussi rigoureux que possible. Mais au bout de deux années, ce blocus n'avait encore produit aucun résultat, et il nous coûtait plus de six millions par an. Enfin une expédition contre Alger fut résolue à la satisfaction de toute la France. Toulon présenta bientôt un spectacle auquel les yeux, l'esprit et les oreilles avaient d'abord quelque peine à se faire. Des officiers et des soldats de toutes armes encombraient les rues, les promenades, les places publiques ; des matelots provençaux, italiens, catalans, maltais, grecs, barbaresques, bretons, normands, portant le costume et parlant le langage de leurs diverses patries, se mêlaient, se pressaient, du matin au soir sur le rivage, au milieu d'une inexprimable confusion. Le bruit des cloches était remplacé, pour marquer les heures, par le son des tambours ; celui des métiers ou des industries diverses, par de perpétuelles détonations d'artillerie et de mousqueterie. Des caissons, des fourgons, des pièces de canon circulaient dans les rues, au milieu des charrettes et des voitures qu'on y rencontre d'ordinaire ; et toute une multitude de barques, de canots, d'embarcations de toute sorte, ne cessaient en même temps d'aller et de venir du port à la rade, de la rade au port. Du côté de la terre, on eût dit une ville prise d'assaut, ou tout au moins envahie par une nombreuse armée ; du côté de la mer, un immense entrepôt où se seraient donné rendez-vous des navires de tous les points du globe. Le 25 avril 1830, les lieutenants-généraux et les maréchaux-de-camp prenaient le commandement de leurs divisions respectives. L'amiral Duperré, nommé commandant en chef de la flotte, était arrivé depuis longtemps, et M. de Bourmont, ministre de la guerre, général en chef de l'armée de terre, ne tarda pas à se montrer à ses troupes enthousiasmées. Tout le personnel de l'armée montait à environ trente-cinq mille hommes. Le général de Lahitte fut appelé au commandement de l'artillerie, le général Valazé à celui du génie, le lieutenant-général Desprez fut nommé chef de l'état-major-général, M. Denniée, intendant en chef de l'armée : et les trois divisions furent commandées par les lieutenants-généraux Berthezène, de Loverdo et d'Escars. La flotte comptait six cent quarante-cinq navires de toute dimension, nombre de voiles dans lequel les bâtiments de l'État montaient à cent trois, et dont le surplus appartenait au commerce. Le 3 mai, arriva M. le Dauphin qui passa en revue toute la flotte, au milieu d'un enthousiasme général, et le 25, on partit pour Alger. Le calme et les vents contraires retinrent la flotte quelque temps dans la baie de Palma ; enfin un bon vent étant survenu, elle s'éloigna et se montra bientôt sur trois colonnes, en face d'Alger. Les escadres virèrent ensuite de bord, pour se diriger vers la presqu'île de Sidi-Ferruch. Le lendemain le débarquement eut lieu ; les chalands, remorqués par de petites embarcations, se détachèrent tous ensemble, à un signal donné des vaisseaux de guerre : chacun d'eux portait une compagnie tout entière, officiers et soldats, debout, et tout prêts à s'élancer à terre. L'ennemi se présenta un peu tard, pour s'opposer à la descente qui s'opéra le plus heureusement du monde; cet ennemi, c'était le bey de Titteri, à la tête de douze cents Turcs et de huit mille Arabes. Sa position était à trois quarts de lieue, environ, du point du débarquement. Aux premiers coups de canon il fut décidé qu'on attaquerait immédiatement. La première division eut l'honneur de cette attaque, qui n'était ni sans gloire, ni sans péril. Après divers combats sanglants l'ennemi fut enfin tourné et obligé de fuir. Ce premier succès fut une rude leçon pour les Turcs. Cependant toute l'armée s'agitait. Le génie préparait ses immenses travaux, et le quartier-général s'établissait dans le marabout de Sidi-Ferruch : une petite mosquée, entourée d'un mur d'une médiocre étendue, des hangars composaient cet ermitage. Deux carrés semés d'orge, de maïs, de figuiers; des arbres à fruits, un superbe palmier remarquable entre tous, en ornaient les dehors. Dans la mosquée se trouvait encore la châsse du saint personnage qui avait rendu ce lieu célèbre ; elle était ornée d'amulettes d'argent et de corail, ou de verroteries diverses, au-dessus d'elle flottaient trois grands drapeaux élevés sur des lances. D'autres drapeaux et des morceaux d'étoffe de soie, de couleurs diverses, décoraient les murailles de la mosquée. C'est là que se tint le général en chef, entouré de son état-major.

Le 17, l'aga des janissaires, généralissime du dey, commandant-né de toutes les forces de la Régence, vint reconnaître nos positions, accompagné d'une centaine de Turcs et de dix fois autant d'Arabes. Il défila devant les premières lignes à une petite portée de fusil ; ce même jour le temps se couvrit sur les neuf heures du matin. Un vent du nord-ouest s'éleva avec violence ; des gouttes d'eau d'une grosseur extraordinaire commencèrent à tomber à de rares intervalles ; elles devinrent plus fréquentes ; d'épais nuages se fixèrent au ciel et laissèrent échapper des torrents de grêle et de pluie. Le tonnerre éclate de toutes parts ; les éclairs se succèdent si rapidement qu'ils auraient pu remplacer le soleil enflammé de la journée. Les chevaux se couchent et semblent frappés d'immobilité. La violence du vent déracine les arbres ; les broussailles, enlevées, tourbillonnent çà et là. La mer, soulevée en montagnes, se brise avec fracas contre le rivage qu'elle couvre d'écume, puis, en se retirant, laisse à nu une plage immense. Au même moment, on voit les vaisseaux tout droits sur leur quille, ou bien couchés par leur travers ; quelques-uns, chassant sur leurs ancres, menacés de faire côte, ou de se briser les uns contre les autres, tirent le canon d'alarme.

L'amiral fit jeter à la mer nombre de comestibles, ce qui procura quelques faibles ressources à l'armée, qui s'attendait à la destruction de la flotte. Aussi la terreur était-elle dans toutes les âmes, et chacun avait devant les yeux l'immense désastre de Charles-Quint.

Enfin la tempête s'apaisa : si elle eût duré deux heures de plus, c'en était fait de la flotte.

Le lendemain, la campagne devint déserte et silencieuse.

Le débarquement du matériel s'était fait avec grande rapidité. L'armée avait déjà des vivres pour plusieurs jours. On continuait de travailler au camp retranché.

Les Turcs avaient établi leur camp dans la plaine de Staouëli, au bout de laquelle se trouvaient des collines qui faisaient face à celles que les Français occupaient.

L'aga des janissaires, généralissime de la Régence, commandait les forces algériennes. Il était brave, et gendre du dey. Il avait pour lieutenants les beys de Constantine et de Titteri; celui d'Oran, vieillard déjà glacé par l'âge, était dignement remplacé par le Klefta de son beylick qui se fit tuer après avoir bravement combattu.

Les forces algériennes pouvaient monter à cinquante mille hommes. Aussi les Arabes, fiers des précédentes expéditions qui avaient eu de funestes résulats, se promettaient-ils une ample moisson de têtes.

Les Français, indignés des odieuses mutilations exercées sur des cadavres, étaient impatients de venger leurs camarades.

Après plusieurs combats sanglants, l'armée française est voisine du camp de Staouëli; bientôt il lui apparaît avec les groupes de tentes irrégulières : notre artillerie, nos fusées à la congrève y jettent le trouble et l'effroi : Turcs et Arabes, abandonnant tout, s'enfuient pêle-mêle et se précipitent sur la route d'Alger. Les Turcs, qui, jusqu'alors avaient été les premiers aux combats et s'étaient montrés dignes de la domination qu'ils avaient exercée dans ce malheureux pays, ne se distinguent plus que par la rapidité de leur fuite.

Mais, soit que Hussein s'attendît à voir déjà paraître les Français, soit qu'il redoutât la fureur des janissaires, ou la présence des tribus arabes dans l'intérieur de la ville, il en avait fait fermer les portes.

Oh! qui pourrait retracer le désordre qui fut la suite de cette mesure inhumaine! une multitude haletante foule aux pieds les blessés, menace les maisons des consuls qui se trouvent sur la montagne; et cette masse d'hommes, grossie à chaque instant, s'attaque et s'entr'égorge.

En vain les fuyards, le yatagan à la main, et de l'autre des têtes de Français, heurtent-ils en désespérés aux portes de la ville; elles ne devaient s'ouvrir que devant le général vaincu, devant le janissaire-aga. A peine l'a-t-on reconduit en présence du dey, que celui-ci le raille, l'injurie et lui crache au visage.

Les Turcs, enhardis par l'inaction des Français qui, selon eux, ne savaient pas profiter de la victoire, finirent par se persuader qu'ils n'avaient pas été vaincus. L'audace leur revint peu à peu. Mais elle fut de courte durée.

C'est dans un de ces petits combats qui se succédèrent depuis le 22, où les Français étaient obligés de conquérir pied à pied pour ainsi dire, le terrain, que le jeune Amédée de Bourmont, lieutenant de grenadiers, fut blessé mortellement.

Bientôt les communications devinrent plus périlleuses entre les divers corps d'armée. Les convois étaient attaqués; de nombreux essaims d'Arabes voltigeaient autour des détachements; même les blessés de la journée ne pouvaient être transférés à Sidi-Ferruch, sans que quelques-uns de ceux qui les escortaient n'en augmentassent le nombre. Malheur surtout aux trainards, aux imprudents qui s'écartaient !

Chaque jour voyait tomber deux cent cinquante Français. Une fois trois ou quatre mille Arabes surprirent un bataillon (chose incroyable!) désarmé : il était en ce moment occupé à nettoyer ses armes. Le 27, nous avions deux mille hommes hors de combat : la maladie commençait à sévir avec violence.

Après douze jours de campagne les rangs de l'armée française se dégarnissaient : que sera-ce donc quand le siège d'Alger sera commencé? Dans la nuit du 26 au 27, une tempête effroyable rendit la mer monstrueuse et menaça de nouveau la flotte d'une entière destruction. On fut sur le point, faute du matériel de siège, d'opérer un mouvement rétrograde. Malgré les premiers succès de l'expédition, elle put donc paraître compromise. La tempête n'eut aucune suite funeste ; les ravages de la maladie n'augmentèrent pas subitement, et le débarquement du matériel permit de se porter en avant et de surprendre l'ennemi : l'attaque fut si impétueuse que les Arabes prirent la fuite, après s'être mollement défendus.

Enfin les Français atteignirent les sommets du Boudjareah, d'où ils purent enfin contempler Alger, à leur droite.

Au pied de la montagne était Alger que ses murailles et ses maisons blanches faisaient vivement ressortir sur le fond de sombre verdure qui l'entourait. On pouvait compter ses minarets, on distinguait la Cassaubah, et le môle protégé par tant de batteries formidables, et le château de l'Empereur, qui tout à la fois menace et protége la ville.

Le lieu occupé par Charles-Quint, dans son expédition de 1541, est devenu l'emplacement du fort appelé château de l'Empereur par les Européens, Sultan-Calassi par les Turcs. Ce fort est un rectangle de cent cinquante mètres sur ses grands côtés, et de cent mètres sur ses petits. Des bastions, d'un tracé irrégulier, formaient ses angles ; une tour ronde, armée de canons, s'élevait au centre, constituant un réduit assez considérable. Assis sur un roc élevé, ce château n'avait point de fossés ; mais une assez profonde excavation naturelle le défendait du côté de la campagne. De ce côté, le terrain couvert de maisons, de jardins, d'enclos, de champs cultivés, de palmiers, de citronniers, d'orangers, mêlés à nos arbres fruitiers d'Europe, était bouleversé d'accidents naturels de toutes sortes; d'immenses haies d'aloès et de raquettes s'élevaient çà et là; toutes choses susceptibles de rendre difficiles et périlleux à une armée de siège les abords de la place. Les Turcs, croyant à l'invincibilité de leur Sultan-Calassi, ne surent pas tirer parti de ces localités qui pouvaient devenir autant de postes retranchés.

Les soldats français avaient donné le nom de Napoléon au château de l'Empereur.

Après que la tranchée eut été ouverte, l'ennemi fut tout surpris de se trouver tout à coup serré de si près : il fit plusieurs sorties, et ne parut nullement découragé. Les Turcs et les Arabes s'étaient persuadé qu'il n'était possible de s'emparer de Sultan-Calassi qu'au moyen d'un autre château ui lui serait semblable de forme, de dimension.

La garnison de Sultan-Calassi se composait de uit cents Turcs et douze cents Arabes.

Le 4 juillet, une fusée, signal convenu entre les généraux français, s'éleva dans les airs. Les batteries démasquées firent une décharge générale, à laquelle le château de l'Empereur répondit vigoureusement. Mais les assiégés, forcés de se retirer, crurent nous ensevelir sous les ruines de Sultan-Calassi.

Après la retraite de la garnison, un seul homme se montra sur les remparts déserts et détruits du château. C'était un nègre; mais à peine eut-il disparu, qu'une explosion terrible se fit entendre ; le château s'engloutit au milieu d'une éruption de flamme et de fumée sorties de ses propres flancs ; la terre trembla, puis du sein de l'obscurité se développa peu à peu un vaste et sombre tourbillon, une trombe immense, du premier bond touchant aux nuages et continuant de monter : c'était comme un informe et gigantesque fantôme qui, sous les vastes plis de sa robe ondoyante, couvrait un immense terrain.

A cet aspect terrible, des postes entiers furent sur le point de fuir. Bientôt, à la place de Sultan-Calassi, on n'aperçut qu'un amas confus de ruines et de débris.

Un vent de terre avait tenu la flotte au large, pendant cette attaque; elle accourait à pleines voiles vers Alger, où régnait la plus grande consternation.

Hussein seul ne voulait point se rendre; deux fois il s'élança, un pistolet à la main, vers le magasin des poudres, deux fois ses affiliés l'em-

pêchèrent d'accomplir cette résolution désespérée.
Toutefois, le dey inflexible, cédant aux conseils
de la prudence et aux insinuations du consul d'Angleterre, fit avec le comte de Bourmont une convention qui stipulait que le fort de Cassaubah,
les autres forts, le port et toutes ses batteries, enfin les propriétés du gouvernement et le trésor,
seraient remis aux troupes françaises. Quant à la
fortune particulière du dey et de tous les habitants,
elle leur fut religieusement conservée. Plus de
1500 canons, la plupart de gros calibre, et une
quantité considérable de munitions de toute espèce
tombèrent au pouvoir des Français. Le trésor de la
Cassaubah, évalué à un peu moins de cinquante
millions, entra intact dans les caisses de l'armée.

Aux termes de la capitulation, les Turcs
devaient quitter le pays dans un délai déterminé.
En attendant le moment du départ ils reçurent
l'ordre de livrer leurs armes. Les janissaires qui
étaient mariés obtinrent néanmoins la permission de rester à Alger.

L'ancien dey partit peu de jours après pour
Naples. Sa figure annonçait une profonde tristesse que ses anciens sujets semblaient partager.
En effet, avant Hussein, grand nombre de deys
avaient fini par le sabre, ou par le cordon, mais
un autre dey s'asseyait sur le trône tant de fois

ensanglanté. Avec Hussein, c'étaient les mœurs, la croyance, les usages, l'indépendance nationale, qui s'en allaient en exil.

Au moment où la barque qui emportait le dernier dey d'Alger s'éloigna, l'infortuné abaissa brusquement sur son visage le capuchon de son burnous. Pleurait-il comme Boabdil? Le dernier roi des Maures n'avait pas su défendre son royaume, mais Hussein, eût-il reçu du ciel le bras et le génie d'un Barberousse, n'aurait pu éviter sa chute. L'islamisme chancèle de toutes parts, tandis que le christianisme reste inébranlable; c'est que le mensonge ne peu se maintenir contre la vérité. Le Coran doit disparaître un jour, et l'Evangile, émané d'une source divine, briller jusqu'à la fin des siècles.

Ensuite eurent lieu les expéditions de Bône et d'Oran, moins importantes et cependant très-meurtrières; la retraite de Bélida, où un jeune polonais, le fils de cet illustre Poniatowski, qui combattit et mourut pour la France, teignit plus d'une fois sa lance du sang des Kabyles.

Après cette dernière affaire, grossie et dénaturée, les Arabes éprouvèrent une bruyante ivresse qui ne tarda pas à se dissiper.

Mais, avant de parler de Constantine, je dois

raconter les changements opérés par notre présence dans Alger.

On a déjà construit une place et de larges rues à l'européenne, dans toute la partie de la ville qui borde la mer; toutefois ces changements n'ont pas encore atteint les quartiers plus élevés qui ont conservé leur caractère primitif. Des rues étroites livrent difficilement passage à deux ou trois personnes de front, et sont couvertes par des voûtes et par de nombreux arceaux qui se convertissent en espèces d'allées souterraines, où l'air et la lumière ont de la peine à pénétrer, et où l'on respire une odeur fade et nauséabonde, lorsqu'une extrême propreté n'y est pas entretenue.

Çà et là on rencontre des espèces de carrefours, et de nombreuses fontaines, dont les minces filets d'eau, s'écoulant avec lenteur, sont répandus sur tous les points de la ville. Ces fontaines, disposées au niveau des rues, ou plus habituellement dans des enfoncements voûtés, précédés de quelques marches, sont en général construites avec beaucoup de soin et d'élégance. Un ressort fait arriver l'eau, et l'attention que l'on met à la recevoir prouve toute l'importance qu'on doit y attacher dans un pays sans rivières, et où la seule eau potable vient des sources, quand elle n'est pas fournie par les pluies, et conservée dans des citernes, dont la plupart des maisons particulières sont munies.

Beaucoup de rues sont commerçantes, offrant de chaque côté une série de véritables loges, dont l'ouverture, située à la hauteur du point d'appui, n'a pas plus de quatre pieds de diamètre. Cette ouverte sert à la fois de porte et de fenêtre; elle donne l'air et le jour, et se ferme avec une espèce de volet cadenassé. Ces enfoncements forment les boutiques mauresques, où l'on s'adonne à quelques travaux industriels, tels que chaussure de cuir et maroquin, broderies en soie et en fil ou en argent, armures ciselées, vêtements, etc. Tout se fait là sous les yeux du public, et le fabricant vend lui-même sa marchandise.

Les métiers les plus estimés à Alger ont toujours été ceux de cordonnier, de droguiste, de joaillier, et surtout de bonnetier. On fait, comme à Tunis, des quantités de bonnets de laine qui sont importés dans le Levant. Chaque corps de métiers avait son chef qu'on nommait *Amin;* il prononçait seul sur les petites disputes qui s'élevaient dans sa corporation. On a toujours aussi fait grand cas dans le nord de l'Amérique des soies fines d'Alger, pour les écharpes à l'usage des femmes. La tannerie, ou préparation des cuirs et autres peaux, a été un genre d'industrie fort étendu. Le maroquin y a toujours été travaillé avec la plus grande perfection. On en fait de très-beaux tapis appelés *niram*.

Rien de plus curieux que le contraste de quelques-uns des marchands algériens avec leurs occupations : on les aperçoit, assis sur leurs jambes, dans toute la gravité orientale, la tête couverte d'un majestueux turban, le menton orné d'une barbe imposante, occupés à défiler un écheveau, à faire de la tapisserie, des filets, ou toute chose fort peu en harmonie avec leur dignité grave et sévère. Au surplus, ce spectacle est encore plus frappant quand on voit, le matin, les Maures des environs arriver au marché : il y a parmi eux de très-beaux hommes, remarquables surtout par leur embonpoint, et se drapant majestueusement sur leur monture : malheureusement pour l'effet saisissant du tableau, ils s'avancent lentement sur des ânes étriqués et ployant sous une autre charge de légumes ou de fruits.

Chaque genre de travaux a son quartier, ce qui est commode pour les acheteurs qui trouvent sous leurs mains les magasins de même nature. Mais ils sont fréquemment fermés, attendu que le maître n'hésite pas à fermer sa porte, si ses affaires ou ses plaisirs l'appellent ailleurs. Personne ne semble pressé de vendre, et l'on serait tenté de croire, comme on l'assure, que la plupart de ces heureux et tranquilles débitants se livrent au commerce dans un but de société et de vie extérieure plutôt que dans des vues d'intérêt : ils peuvent ainsi causer et passer leur temps ; apprendre les nouvelles sans exciter le soupçon, avantage précieux sous l'ancien gouvernement.

Les Maures de la campagne sont très laborieux, et le produit de leurs peines finit souvent par les enrichir. Quoiqu'ils vivent généralement dans une parfaite union, ils n'aiment pas les vieillards infirmes et qui ne peuvent plus travailler; aussi ne font-ils aucun mystère du désir qu'ils ont d'en être débarrassés.

Un Maure de la campagne alla trouver un jour un chirurgien portugais, et lui dit : « Donne-moi quelques drogues pour faire mourir mon père; je te les paierai bien. » Le Portugais étonné d'une pareille demande, resta un moment interdit; puis revenant à lui, il répondit au Maure avec un sang-froid égal à celui que ce monstre avait montré en faisant son atroce proposition : « Est-ce que tu ne vis pas en paix avec ton père ? — Nous sommes très unis, répliqua le Maure; c'est même un excellent homme qui a beaucoup travaillé, m'a marié et m'a donné tout ce qu'il possédait. Nous vivons ensemble, et depuis longtemps je le nourris sans

Souvenirs de voyage.

reproche ; mais il est si vieux qu'il ne peut plus mettre la main à l'ouvrage; malgré cette incapacité, il ne veut pas mourir. — C'est une bonne raison, reprit froidement le chirurgien, je vais te donner de quoi l'y faire consentir. » En même temps il prépara une potion cordiale, plus propre à reconforter le vieillard qu'à le faire mourir. Le Maure paya bien et partit : huit jours après, il revint annoncer que son père n'était pas mort.

« Il n'est pas mort, s'écria le chirurgien ; il mourra ! » Aussitôt il composa une autre potion, qu'il se fit également payer, et dont il garantit cette fois la prompte efficacité. Le Maure le remercia. Cependant quinze jours n'étaient pas écoulés, que ce fils dénaturé reparut de nouveau, assurant au chirurgien que son père paraissait mieux se porter depuis qu'il prenait les drogues qui devaient le faire mourir infailliblement. Le chirurgien l'engagea sérieusement à ne point se décourager, et lui donna pour la troisième fois le prétendu poison. Le Maure sanguinaire cessa ses visites : mais un jour le chirurgien le rencontra et lui demanda depuis quand son père avait rendu le dernier soupir.

« Il n'est pas mort, répondit-il, et tant s'en faut ; le bonhomme se porte à merveille : c'est un marabout (un saint) ! »

Les cafés, qui sont très multipliés, ont, en général, la même forme que les boutiques ; seulement ils sont plus profonds, et garnis de bancs de bois, recouverts de nattes. C'est là, qu'aspirant leurs longues pipes, les habitants passent une grande partie de la journée dans une complète immobilité, échangeant à peine et à voix basse quelques rares paroles. Parfois on entend dans les cafés une espèce de musique triste et monotone, qui s'accorde parfaitement avec la profonde obscurité de la salle et le peu d'air qu'on y respire.

Avant de savourer longuement le moka, les habitants ont la ressource des barbiers pour ne pas trop s'ennuyer dans la matinée. Assis circulairement, comme je l'ai déjà dit, ils attendent avec une patience qui surprend les pétulants Européens, que leur tour arrive d'avoir la tête rasée avec un soin et une dextérité remarquables.

Les bains de vapeur, ou étuves, sont encore fort recherchés par les habitants d'Alger et des autres villes de la Régence : ils ont le double avantage de ménager l'eau et de rendre parfaitement nette la peau irritée par le contact d'étoffes de laine et par la chaleur excessive. A Alger, le plus bel établissement de ce genre offre plusieurs pièces très vastes, dont la première, ornée d'un bassin de marbre blanc, a la forme d'un dôme.

et reçoit le jour par d'étroites ouvertures percées dans le sommet de l'édifice.

Dans cette ville, vous n'apercevez que des objets communs, aucune trace de luxe, avec une population silencieuse, circonspecte; mais franchissez ces portes soigneusement cachées dans quelque angle, ces portes lourdes massives, couvertes de larges serrures surchargées de cadenas, vous serez tout étonné du rapide changement de la scène. Après une première pièce, espèce de vestibule où l'on reçoit les étrangers, vous trouverez une galerie de marbre, ornée de colonnades torses, et dont les murs couverts de petits carreaux de terre peinte et vitrifiée, ou revêtus de marbre, répandent une douce fraîcheur; à l'extrémité de la galerie, vous verrez une cour carrée, disposée au centre du bâtiment, remplie de fleurs, d'arbustes verts, et offrant ordinairement un bassin élevé à la hauteur du point d'appui, et laissant échapper un jet d'eau limpide qui retombe en mêlant ses vapeurs rafraîchissantes aux parfums des fleurs. Cette cour est revêtue de dalles de marbre et n'a que le ciel pour toiture; l'air et la lumière y pénètrent sans obstacle. La maison, bâtie carrément, environne la cour, et en est séparée par une galerie, ou portique, soutenue par des colonnes; les plus élégantes sont de marbre; mais il y en a de bois colorié, selon la richesse des propriétaires. C'est le long de cette galerie que s'ouvrent les appartements; tous prennent leur jour sur elle, et s'il existe quelques ouvertures sur la rue, ce ne sont que d'étroites meurtrières de six pouces carrés, garnies de treillages et de barreaux, destinées aux courants d'air. Chaque maison n'a ordinairement que deux étages, entourés chacun d'une galerie quadrangulaire : quand ces galeries sont pavées de marbre, et lorsque les appartements en sont revêtus, on y goûte une fraîcheur délicieuse, comparée à la chaleur étouffante du dehors. C'est dans ces demeures que le luxe oriental s'est réfugié; là, le maître jouit de la plénitude de sa puissance, savoure la joie que lui cause la vue de ses richesses, et ne connaît point d'entraves à ses fougueux caprices. Ces mœurs secrètes et solitaires resserrent les liens de la famille, et montrent quelle liberté complète protégeait la vie intérieure, dans un pays où l'esclavage était absolu, avant que les Français en eussent fait la conquête.

CHAPITRE IV

CONSTANTINE.

Mascara. — Passage des Portes de Fer. — Mezagrè.

Le général Clauzel fut nommé au mois d'août 1830 commandant en chef de l'armée d'Afrique, après la défection de Bou-Mezrag, gouverneur de beylik de Titteri, et la dispersion des partisans de ce dernier qui fut lui-même fait prisonnier. Le successeur de M. de Bourmont, qui s'en était allé sur un sol étranger, fut lui-même remplacé par le général Berthezène. Alors eut lieu l'expédition de Médéah, et la ville d'Oran fut occupée pour la seconde fois.

En novembre 1831, le duc de Rovigo arriva à Alger.

Le général Drouet d'Erlon prit possession du gouvernement d'Alger, le 26 septembre 1834.

Alors la puissance d'Abd-el-Kader s'accrut, et dans une démonstration faite pour protéger les alliés des Français, le général Trézel échoua, et ne put opérer sa retraite qu'en éprouvant des pertes sensibles.

Le maréchal Clauzel succéda au comte d'Erlon, en août 1835. La ville de Mascara fut prise par les Français, après avoir été pillée et brûlée par Abd-el-Kader. Le maréchal Clauzel fit occuper Tlemcen. Dans une marche sur cette ville, le général Bugeaud, attaqué par Abd-el-Kader, au passage de la Sickrak, le défit et lui tua, ou mit hors de combat douze cents hommes, et fit cent trente prisonniers parmi les soldats réguliers.

En mars 1836, Jousouf fut nommé au beylik de Constantine, et le 3 mai, le maréchal fit occuper Dréan et La Calle. Le 8 novembre suivant, un corps expéditionnaire fort de neuf mille cent trente-sept hommes, sous les ordres du maréchal Clauzel, se mit en marche vers Constantine. Le 15 il était à Ghelma, ruine d'une cité romaine, poste qui a toujours été occupé depuis par l'armée française. Le 21 elle prit position sous les murs de Constantine ; mais, épuisée par d'incroyables fatigues, par des souffrances inouïes et avec un matériel de guerre et des approvisionnements insuffisants ; après quelques jours, pendant lesquels la valeur française lutta avec énergie contre les éléments, le maréchal Clauzel, ayant perdu l'espérance de réduire la ville, ordonna la retraite.

Le 12 février 1837, le général Damrémont fut nommé gouverneur-général.

Alors eut lieu la convention de la Tafna, par laquelle Abd-el-Kader reconnut la souveraineté de la France.

Une seconde expédition fut préparée contre Constantine : l'armée française, forte de dix mille hommes, arriva le 6 octobre devant cette place, qui est perchée sur un rocher, et qui n'a qu'une porte. Il fallait vaincre ou mourir. Le général Damrémont fut atteint d'un boulet, et le commandement passa aux mains du général Vallée, qui ordonna l'assaut. Toutes les troupes s'y portèrent avec enthousiasme ; elles sont sur la brèche : jamais mêlée ne fut plus acharnée ni plus terrible. Le brave colonel Combes tombe mortellement frappé.

Le 13, la ville fut prise de vive force, et le drapeau français flotta sur ses murailles.

Un ordre de l'armée avait fait connaître que le duc de Nemours devait prendre le commandement du siège. Ce jeune prince, après que le calme eut été rétabli, vint loger dans le palais du bey.

En octobre 1849, le moment parut opportun pour franchir le Biban, et reconnaître la grande communication qui doit réunir Alger à Constantine.

La colonne expéditionnaire arriva le 21 à Sétif, séjourna sous les murs de ce fort jusqu'au 25. Après une marche pénible, le 27 on aperçut le minaret de la mosquée de la ville de Slissah.

Le duc d'Orléans, après avoir reçu des chefs kabyles le tribut qu'ils payent au souverain, lorsqu'il se rend auprès d'eux, se dirigea vers le Biban. Sa tête de colonne précédée par les chefs connus sous le nom de cheiks des Portes-de-Fer, y arriva sur le midi. Le passage commença immédiatement, mais ne put pas être terminé avant quatre heures du soir.

Le chaînon de l'Atlas qui porte le nom de Portes-de-Fer est formé par un immense soulèvement qui a relevé verticalement les couches de roches horizontales à l'origine. L'action des siècles a successivement enlevé les portions de terrain qui réunissaient autrefois les bancs de roches, au point qu'elles présentent aujourd'hui une suite de murailles verticales, qu'il est presque impossible de franchir, et qui se prolongent au loin en se rattachant à des sommets d'un accès plus difficile encore. Au milieu de cette chaîne coule l'Ouad-Biban, ruisseau salé qui s'est ouvert passage à travers un lit de calcaire noir, dont les faces verticales s'élèvent à plus de cent pieds de haut et se rattachent, par des déchirements inaccessibles, aux murailles qui couronnent les montagnes. Le passage, dans des endroits, n'a que quatre pieds de large; il suit le lit de la rivière torrentueuse qui l'a ouvert, et qui amène constamment des cailloux roulés, qui rendent très pénible la marche des hommes et des chevaux.

Dès que les pluies ont augmenté le volume des eaux, le passage devient impraticable; le courant arrêté par les rétrécissements auxquels on a donné le nom de Portes, élève quelquefois le niveau de la rivière jusqu'à dix mètres au-dessus du sol; la rivière s'échappe ensuite avec violence par une étroite vallée qu'elle couvre entièrement, c'est la seule issue à ce passage difficile.

Telle est la route que les Turcs avaient tracée pour se rendre d'Alger à Constantine. Des trous de mine indiquent que, pour la mettre dans l'état où elle se trouve aujourd'hui, des travaux ont dû être exécutés, et qu'avant l'établissement de la puissance algérienne elle n'était pas praticable.

Les Romains, du temps de leur grande domination, ne paraissent pas avoir suivi cette voie; aucune trace de ce peuple célèbre ne se fait remarquer aux environs, et l'étude du système de route, qui reliait ensemble les différents points de la Mauritanie, semble prouver que la communication entre Sitifis-Colonia et Auzéa se faisait, soit par Salda (Bougie) et la station de Tubusuptus, soit par la route plus longue encore qui tourne par le désert, les montagnes d'Ouen-Nougah.

Après avoir franchi le Biban, la colonne expéditionnaire se plongea dans la vallée, mais retardée dans sa marche par un violent orage, elle ne put arriver le soir à Beni-Mansour; elle dut bivouaquer à une lieue et demie du Biban, sur la rivière Salée, dans la partie du cours de ce ruisseau qui porte le nom d'Ouad-Mellelou.

Le 29, le temps devenu meilleur, permit de se mettre en marche de bonne heure. L'armée avait hâte d'arriver à l'Ouad-Beni-Mansour; depuis deux jours le manque d'eau s'était vivement fait sentir; de Dra-el-Amar à Beni-Mansour on ne trouve que quelques sources d'eau douce; la rivière, qui surgit au pied du plateau de Dra-el-Amar, traverse le Biban et verse ses eaux dans l'Ouad-Beni-Mansour, est salée. Les chevaux n'avaient pu boire depuis cinquante-deux heures, et les soldats fatigués par de longues marches dans un pays difficile, avaient un pressant besoin de se désaltérer. Les Arabes appellent cette partie de la route le chemin de la Soif, et jamais nom ne fut plus juste.

A une heure, la colonne se mit en marche par la rive gauche de l'Ouad-Beni-Mansour, se dirigeant sur Hamza.

L'armée avait suivi, depuis Sétif, la grande voie qui conduit de Constantine à Médéah, par les plaines élevées de la Méjana et de l'Ouad-Beni-Mansour; pour se rapprocher d'Alger et franchir la première chaîne de l'Atlas, elle devait tourner au nord, à la hauteur du fort de Hamza, pour se porter ensuite de la vallée de l'Ouad-Hamza dans celle de l'Ouad-Beni-Djaad, cours d'eau qui, réuni à l'Ouad-Zeitoum, forme la rivière des Issers. Dans le cas où le calif Ben-Salem eût eu des intentions hostiles contre la colonne, il eût dû avoir pour but de s'établir sur le plateau du fort de Hamza, pour barrer la route d'Alger. Afin de prévenir cette manœuvre, le duc d'Orléans réunit les compagnies d'élite de sa division, toute sa cavalerie et deux obusiers de montagne; il partit de Kef-Rajetta le 30, une heure avant le jour, et se porta rapidement sur Hamza. Le reste de la colonne fut dirigé de manière à se trouver en mesure de soutenir le duc d'Orléans, si le combat s'engageait.

Le duc d'Orléans marcha rapidement, le 30 octobre sur Hamza. Au moment où sa tête de colonne débouchait dans la vallée de ce nom, Achmet-Ben-Salem, après avoir traversé l'Ouad-Nougah, (nom que porte dans cette partie de son cours l'Ouad-Beni-Mansour), se prolongeait sur la crête opposée à celle que suivait la colonne française. Le prince royal, après avoir fait occuper fortement par son infanterie les hauteurs qui dominent l'Ouad-Hamza, lança sa cavalerie dans la vallée. Les chasseurs et les spahis, conduits par le colonel Miltgen, gravirent rapidement la berge, sur la crête de laquelle parurent les cavaliers de Ben-Salem. Ceux-ci ne tardèrent pas à se replier sans tirer un coup de fusil, et le calife, dont on apercevait les drapeaux, averti que le prince royal se dirigeait sur Alger, donna l'ordre à sa cavalerie de se retirer, et se porta vers l'ouest, se repliant sur Médéah, et renonçant au projet qu'il avait formé de défendre la position de Hamza.

Dès que la cavalerie eut couronné les hauteurs que les Arabes abandonnaient, le prince royal, qui s'y était porté de sa personne, fit donner l'ordre à son infanterie de remonter la vallée et d'occuper Hamza. L'avant-garde ne tarda pas à s'établir autour de ce fort que l'on trouva complètement abandonné.

Le reste de la division arriva à midi.

Le fort de Hamza est un carré étoilé, dont les revêtement sont en partie détruits. Les logements intérieurs construits par les Turcs n'existent plus; onze pièces de canon, en partie enclouées, gisaient sur le sol; aucune n'avait d'affût, et l'armée ne trouva dans l'enceinte du fort aucun approvisionnement de bouche ou de guerre.

Après une halte de deux heures, la colonne d'expédition se mit en marche, se portant vers le nord. La route, quoique en partie construite par les Turcs, ne tarda pas à devenir difficile, et la division ne put arriver que le soir au point où elle devait bivouaquer. Elle s'établit vers cinq heures, sur la rive gauche du ruisseau de Marbre.

Jusqu'à ce moment, la marche de la colonne n'avait été troublée par aucun incident fâcheux. Sur tous les points, les populations étaient venues faire leur soumission, et l'armée n'avait pas encore eu l'occasion de tirer un coup de fusil. Dans la journée du lendemain, elle devait se rapprocher du territoire de la tribu des Beni-Djaad, qui, de tout temps, s'est montrée hostile. Des ordres furent donnés pour que la colonne manœuvrât plus serrée encore que les jours précédents, et des mesures furent prises pour qu'en cas de combat la marche du convoi ne fût pas retardée.

Le 31, vers dix heures du matin, quelques coups de fusil furent tirés de l'intérieur d'une tribu, sur l'extrême arrière-garde. Le duc d'Orléans, qui se porta rapidement vers le point attaqué, reconnut promptement qu'une faible partie de la population prenait part à cet acte d'hostilité, et, après avoir fait répondre par quelques coups de fusil, il prescrivit à la colonne de continuer sa marche. La division vint faire une grande halte sur la rive droite de l'Ouad-Beni-Djaad.

Quelques cavaliers ne tardèrent pas à suivre l'arrière-garde formée par le 2e léger; leur nombre augmenta peu à peu, et ils commencèrent, vers une heure, à tirer sur l'infanterie qui couvrait le convoi. Les Arabes se prolongèrent ensuite par leur droite, et vinrent s'établir, au moment où la colonne se mettait en route, sur un mamelon qui dominait la plaine. Le duc d'Orléans ne voulut pas les laisser dans une position d'où ils pouvaient inquiéter le flanc droit de la colonne, et il prescrivit au colonel Miltgen de gravir cette hauteur avec sa cavalerie, en tournant la gauche des Arabes, pour les rejeter dans le ravin.

Le colonel Changarnier reçut l'ordre d'appuyer ce mouvement avec deux compagnies d'élite du 2e léger, de s'établir sur la hauteur pour permettre à la cavalerie de se retirer, et de protéger ensuite la marche de la colonne, en suivant les crêtes les plus rapprochées. Les mouvements furent exécutés avec une grande rapidité, sous les yeux du prince. Les Arabes furent culbutés, et peu d'instants après la cavalerie reprit sa position dans la plaine, et appuya le mouvement de retraite que le prince royal fit exécuter à la ligne de tirailleurs qui avait couvert le départ du convoi. Le duc d'Orléans fit continuer encore, pendant quelques moments, le feu de l'infanterie; il ordonna ensuite de tirer deux obus sur un groupe de cavaliers qui se montraient vers la gauche. Les Arabes s'arrêtèrent immédiatement, et la colonne, après deux heures de marche, vint s'établir entre l'Ouad-Beni-Djaad et l'Ouad-Zeitoum, à peu de distance du confluent de ces deux rivières. L'armée apprit par un ordre du jour, que la division du lieutenant général Rulhière était réunie sur l'Ouad-Caddara, dans le cas où elle serait appelée à prendre part aux opérations.

Le 1er novembre, la colonne pénétra dans le massif de l'Atlas qui touche au mont Ammal : une arrière-garde, formée par le 17e léger, resta dans le camp de Benhini, pour donner le temps au convoi de gravir la pente difficile sur laquelle se développe la route des Turcs. Le colonel Corbin ne tarda pas à être attaqué; il se retira dans un ordre parfait et ne tirant qu'à de rares intervalles.

Le duc d'Orléans fit successivement couronner par l'infanterie toutes les crêtes qui dominent la route. La cavalerie se tenait en mesure de la soutenir au besoin, et quelques obus tirés, lorsque les Arabes se groupaient, ne tardèrent pas à les décourager. Les coups de fusil cessèrent entièrement lorsque l'arrière-garde eut dépassé Aïn-Sultan, et la colonne continua sa marche sans accident. A quatre heures elle passa l'Ouad-Kaddara, se mit en communication avec le corps commandé par le général Dampierre, et vint s'établir à six heures du soir sous le canon de Fondouck.

Ainsi se termina cette entreprise qui fit éprouver tant de fatigues à nos soldats, et dont le succès n'a point intimidé les Arabes.

Depuis la rupture de la paix, le sol africain a été arrosé du sang français, et les sacrifices pécuniaires vont toujours en augmentant.

Loin de moi la pensée de jeter quelque blâme sur les opérations des gouverneurs de l'Algérie; mais je ne puis m'empêcher de gémir sur tant de pertes successives, sans avoir vu le succès compenser du moins les vides de notre armée.

Le 31 décembre, trois bataillons de l'infanterie régulière d'Abd-el-Kader sont venus se déployer en lignes devant les troupes françaises entre le camp abandonné de l'Ouad-el-Alleg et les camps de Blidah. Nos fantassins ont enfoncé ces bataillons quoiqu'ils fussent soutenus par six mille Arabes des tribus. Le maréchal Vallée avait su les attirer en rase campagne. Mais ces réguliers, quoique déployés dans la plaine, avaient pris une position avantageuse ; en avant de leur front s'étendait un ravin qui les couvrait contre la cavalerie, et de là, ils faisaient un feu de deux rangs très bien entretenu. Le 2e régiment d'infanterie légère se précipita au pas de course dans le ravin, franchit avec la même impétuosité la berge opposée, et chargea à la baïonnette l'infanterie de l'émir. L'élan de ce premier choc fut décisif : 300 réguliers jonchèrent aussitôt le champ de bataille. Au moment même où les fantassins du 2e léger enfonçaient l'ennemi, le maréchal arrivait au galop au milieu d'eux et recevait leurs acclamations.

Maintenant je dois remonter aux premières hostilités des Hadjoutes qui occupent la partie occidentale de la plaine de Mitidja, de l'autre côté de la Chiffa et du Mazaffran. Ils ont pour retraites habituelles la montagne d'Affroum, les gorges sinueuses de l'Ouad-Ger, lieux impénétrables, ainsi que le bois de Karessas, où il faudrait les traquer comme dans un repaire inextricable. La tribu des Hadjoutes se compose, en grande partie, de vauriens chassés de leur tribu natale, de vagabonds, de voleurs, de criminels et d'anciens pirates. Ainsi les Hadjoutes ne sont autres qu'une bande de brigands qui, redoutés de leurs voisins, étendent leurs pillages et portent la terreur jusqu'aux montagnes de Scherchell et de Millianah. Mais c'est surtout sur notre territoire qu'ils exercent leurs sanguinaires déprédations. Abd-el-Kader n'a cessé de nous faire une guerre très meurtrière au moyen de ces brigands que le traité de paix avait malheureusement rangés sous son autorité. Par eux, il empêchait nos établissements agricoles de s'affermir dans la plaine, sa politique étant de nous restreindre au littoral. Ces Hadjoutes ont peut-être coupé, depuis dix ans, plus de trois cents têtes de Français. Nos camps, nos blockaus, nos lignes de postes, rien n'a pu arrêter leurs brigandages toujours renaissants : tous nos efforts de guerre et de culture se sont brisés contre une seule tribu, presque aux portes d'Alger, à la honte de notre occupation si dispendieuse.

Le camp qui porte le nom d'Ouad-el-Alleg, et qui a été évacué depuis la reprise des hostilités, est situé dans la plaine, sur les bords d'un ravin, où coule le ruisseau d'Ouad-el-Alleg (la rivière des sangsues), à une demi-lieue du gué de la Chiffa, Souk-el-Sebt (le marché du Sebt), où nous avions, sur la rive des Hadjoutes, le camp de la Chiffa, abandonné depuis 1837. Le camp d'Ouad-el-Alleg est à deux heures de marche de Blidah, et à trois du camp de Boufarik. Sa garnison était de trois cents hommes formant un grand poste avancé du côté de l'ouest, dont la mission consistait à contenir les Hadjoutes, à réprimer leurs maraudages perpétuels, et à prêter secours aux tribus arabes de notre territoire.

Dans les premiers jours d'octobre 1839, les Hadjoutes fondirent sur la tribu amie de Beni-Khalil, lui tuèrent plusieurs hommes, et lui volèrent ses bœufs. Quelques jours après, celle-ci se mit en campagne pour reprendre ses bœufs et venger la mort des guerriers qui avaient succombé sous les coups perfides des Hadjoutes : ceux-ci, de leur côté, volèrent aux armes et passèrent sur la rive droite de la Chiffa.

Le chef de bataillon Raphel, instruit de ces démonstrations armées, monte à cheval et marche à la tête d'un piquet de chasseurs d'Afrique contre les Hadjoutes, commandés par le féroce El-Béchir, à qui il reproche d'enfreindre le traité, en violant notre territoire à main armée. Celui-ci répond avec insolence que c'est une querelle entre Arabes, et que les Français n'ont pas le droit de s'en mêler. Le commandant Raphel, retenu par la défense expresse de commencer le feu avec les

Hadjoutes, rentre au camp et laisse ces derniers sur notre territoire.

Depuis cette bravade impunie, les Hadjoutes exercent de nouveaux brigandages contre nos alliés. Le 12 octobre, ils massacrent un homme de la tribu de Bernou, à deux cents pas du camp. Le commandant Raphel monte à cheval avec quelques cavaliers : les Hadjoutes les reçoivent à coups de fusil; un brigadier est tué : bientôt les pillards, à la vue d'un nouveau piquet d'infanterie française, prennent honteusement la fuite.

Après ce premier engagement, un mois entier se passa sans hostilités apparentes. Il paraît qu'Abd-el-Kader et ses lieutenants n'étaient pas encore prêts. Les beys de Médéah et de Millianah particulièrement n'avaient pu réunir leurs contingents, et les troupes régulières de l'émir ne faisaient que partir de Tagadempt, qui est à soixante lieues d'Alger.

Les Hadjoutes, informés de ces grands préparatifs, brusquèrent la guerre, dans l'unique but de piller les premiers les fermes de la plaine et d'avoir moins de co-partageants. La dépouille de nos soldats surpris pendant une paix trompeuse, et le prix de leurs têtes taxé à cinquante boudjous, ou cent francs, étaient pour ces barbares un trop puissant appât. Le 10 novembre, un mois après les premiers coups de fusil, on aperçoit du camp d'Ouad-el-Alleg, un chasseur d'Afrique et un gendarme, tous les deux à cheval, qui se jettent à travers le troupeau des Bernous, effraient les bœufs, les excitent et les font courir vers la Chiffa. Ces deux hommes étaient deux Hadjoutes déguisés. Les gens de la tribu des Bernous courent après leurs animaux pour les ramener. Aussitôt une centaine de cavaliers Hadjoutes, embusqués, se montrent pour assurer l'accomplissement du vol. Le commandant Raphel, toujours vigilant, toujours intrépide, monte aussitôt à cheval avec une trentaine de chasseurs d'Afrique, se faisant suivre de deux détachements du 24e de ligne, de quarante hommes chacun. Un nouveau parti de Hadjoutes se montre alors : ces brigands sont au nombre de trois cents. Le commandant français laissera-t-il enlever le troupeau d'une tribu confiée à sa garde, et restera-t-il spectateur inactif d'une aussi grande violation des traités? Non, il ne peut s'y résigner; il croit l'honneur français compromis auprès de nos alliés s'il ne leur porte secours, même avec des forces plus qu'insuffisantes. Il charge donc l'ennemi sans regarder au nombre ; quatre chasseurs tombent à ses côtés; l'un d'eux n'est que blessé : le brave Raphel qui voit les Arabes se ruer sur ce soldat pour lui couper la tête, selon leur affreuse habitude, se précipite au milieu d'eux le sabre au poing, et parvient à le sauver : mais lui-même tombe dans la mêlée, frappé d'un coup mortel : il est aussitôt décapité. Au même instant l'infanterie arrive au pas de course. A la vue du cadavre de leur brave commandant, les soldats du 24° de ligne, emportés par une ardente exaspération, chargent les cavaliers Hadjoutes à la baïonnette, les forcent à repasser la Chiffa, suivent eux-mêmes l'ennemi, bien qu'ils aient de l'eau jusqu'à la ceinture, et poursuivent leur course jusqu'à l'Haouch ou ferme de l'Hadji, à un mille de la rivière, dans la direction du bois de Karessas : ils rentrent enfin au camp accablés de fatigue, et chargés du corps de leur généreux commandant et de leurs malheureux camarades. C'était la première fois que nous franchissions la rivière depuis la paix.

Telle fut la mort de l'infortuné commandant Raphel, mort glorieuse et bien digne de figurer dans la trop sanglante histoire de l'Algérie.

Pourra-t-on croire qu'après ces nouvelles monstruosités, l'administration d'Alger, sous prétexte que les Hadjoutes avaient seuls figuré sur le terrain, traita d'échauffourée le funeste combat du 10 novembre! Cependant le 12, les Arabes commencent à tirailler contre le camp de Blidah ; le

13, ils brûlent le moulin de l'Ouad-Kabir, en vue de la casbah de cette ville ; le 14, ils dévastent la propriété d'un colon français, sous le camp supérieur de Blidah ; les jours suivants, les Hadjoutes attaquent les tribus paisibles de Boufarik, au centre de la plaine, et le canon du camp retentit pour la première fois ; le 18, ces forcenés viennent piller la tribu d'Absira, près du blockaus de Beni-Mered, entre le camp d'Ouad-el-Alleg, et les deux autres. Les détachements partent, comme à l'ordinaire, pour la correspondance entre les camps.

Le 20 novembre, les beys de Millianah et de Médéah avaient traversé la Chiffa, à la tête de mille à douze cents hommes chacun, guidés dans la plaine, à travers les postes français, par les Hadjoutes. Deux convois étaient partis de Bouffarick ; celui qui suivait la route de Blidah ayant été secouru à temps près de Méred par une sortie de la garnison de Boufarik, fut sauvé. L'autre, composé de trente hommes du 23ᵉ de ligne, commandé par le sous-lieutenant Colomer, conduisant un convoi à Ouad-el-Alleg, fut exterminé. Un grenadier fut relevé couvert de seize coups de feu et de yatagan, dont aucun ne se trouva mortel. Sa figure sillonnée de blessures était si hideuse que les Arabes, ne lui ayant point coupé la tête comme aux autres, le laissèrent pour mort sur le champ de carnage. Ce malheureux fut plusieurs jours sans pouvoir parler. Depuis, il a raconté cette scène tragique; le sous-lieutenant Colomer n'a manqué ni de présence d'esprit, ni même d'héroïsme. Apercevant une masse de cavalerie qui venait fondre sur son faible détachement, il fit serrer ses si.. voitures sur deux files, et avant d'être cerné, il dépêcha un chasseur à cheval à Boufarik pour demander du renfort. On ne put lui en envoyer; car la garnison venait de voler au secours de l'autre convoi. Les trente hommes disposés derrière les voitures firent un feu soutenu et meurtrier. « Mes amis, leur disait l'officier, montrez que vous êtes Français, et que chacun de vous vaut vingt Bédouins. » Mais les Arabes étaient quarante contre un. « Soldats du 23e, leur cria-t-il encore au dernier moment, s'il faut périr ici, vendons-leur chèrement nos têtes. » Les cartouches furent bientôt épuisées; alors commença l'horrible boucherie. Une aussi héroïque résignation restait dans l'oubli, sans ce brave grenadier, sorti, on peut le dire, de la tombe, pour proclamer l'héroïsme du sous-lieutenant Colomer et des braves qu'il avait l'honneur de commander. Le grenadier, sauvé comme par miracle, se nomme Galais.

Il me reste une dernière catastrophe à raconter, la plus sanglante de toutes, celle où cent cinquante à deux cents hommes du camp d'Ouad-el-Alleg eurent à soutenir en rase campagne l'attaque furieuse de deux mille quatre cents Arabes. Cette affaire est la plus funeste que nous ayons eue en Afrique avec celle de la Maca : cent huit têtes de nos braves tombèrent sous le yatagan.

C'est le 21 novembre, le lendemain même de la destruction du convoi, qu'arriva ce nouveau malheur. Le camp d'Ouad-el-Alleg était commandé, depuis la mort de l'intrépide Raphel, par M. de Gallemand, autre chef de bataillon du 24ᵉ de ligne. On ignorait l'affreux désastre de la veille. D'après l'ordre de service de chaque jour, un détachement porté à cinquante hommes au lieu de trente, se dirigea sur la route de Blidah : M. Bardet, sous-lieutenant, devait, dans le cas où il apercevrait l'ennemi, rétrograder; il lui avait été, de plus, enjoint de faire la même manœuvre, s'il ne voyait pas venir dans la plaine le piquet du camp de Blidah.

Le détachement d'Ouad-el-Alleg avait à peine parcouru un quart de lieue, que les Arabes en grand nombre parurent à l'horizon. L'officier rétrograda sur-le-champ : de son côté, la garnison prit les armes. Le commandant Gallemand sortit avec deux compagnies du 24° de ligne et un peloton du 1er chasseurs d'Afrique, dans le but de protéger la rentrée du piquet. Mais l'officier voyant arriver la garnison, s'imagina qu'elle marchait à l'ennemi, et se considérant dès lors comme l'avant-garde, il rebroussa et se remit à marcher en avant. Cette fatale méprise fut la cause de tout le désastre; ce malheureux officier la paya de sa tête.

Les Arabes arrivaient au galop. Pour ne pas abandonner ce détachement à une perte certaine, le commandant continua de marcher, espérant que l'officier s'arrêterait enfin, ou qu'on le joindrait. Vain espoir! Mais les hommes de la sortie regarderaient comme une lâcheté d'abandonner leurs camarades. Déjà on est à une demi-lieue du camp; on est coupé par l'ennemi : bientôt le détachement est écharpé et culbuté sur le corps principal, où il porte le désordre. Des masses d'Arabes se démasquent de toutes parts; nos tirailleurs s'empressent de rejoindre le carré formé à la hâte; la retraite commence sous une grêle de balles; c'est une lutte corps à corps, pendant laquelle les Arabes sèment la route de morts et de blessés qu'on abandonne avec désespoir. La situation devient de plus en plus critique. En marche, un carré n'offre pas une ferme résistance : cependant on s'arrête de temps en temps pour exécuter un feu plus assuré. Ce combat, ou plutôt cette affreuse agonie se prolonge près de deux heures. Il ne restait plus d'officiers. Le commandement échut au sergent-major Hauskenek qui fut digne de cette honorable mission, et ramena la colonne sous le parapet du camp, où il ne se trouvait qu'une soixantaine d'hommes et quelques canonniers. Trente coups de canon à boulets et dix à mitraille habilement dirigés par le brigadier Texier-Delaunay protégèrent admirablement la rentrée. Sans le ravage et l'intimidation ainsi portés au milieu des Arabes, le désastre eût encore été plus grand. Aux approches du camp, une nouvelle charge, plus furieuse que les autres, assaillit nos soldats; trente tombèrent encore pour ne plus se relever. Ce fut la dernière tentative de l'ennemi : le jour baissait; les beys se retirèrent avec leur monde. Trois cents Hadjoutes restèrent pour dépouiller les morts, achever les blessés, et couper les têtes. Cette scène horrible avait lieu à quelques pas du camp, sous les regards épouvantés de nos soldats qui, bien que trois fois décimés, s'élancent de nouveau hors de l'enceinte qui protége leurs corps fatigués et couverts de blessures : les Hadjoutes intimidés, fuient devant cinquante Français sans armes : ces derniers sont assez heureux, grâce à la fusillade que leurs camarades ne cessent de faire de dessus le parapet, pour rapporter dans leurs bras huit sous-officiers ou soldats et un capitaine. La garnison voulut ensuite accomplir un devoir religieux, celui de recueillir ses morts et de les ensevelir. On en releva cent huit, dont quatre-vingt-dix-huit sans tête. Les soldats échelonnés sur la route et formant en quelque sorte la chaîne, recevaient successivement les cadavres nus et décapités de leurs camarades. En ce moment parut une colonne française : elle venait de Blidah, sous les ordres d'un capitaine du 24° de ligne ; mais ce secours était trop tardif : le yatagan avait terminé son œuvre sanglante.

Telle fut l'affaire d'Ouad-el-Alleg ; le soldat français y donna les plus beaux exemples de toutes les vertus militaires. La patrie et l'armée ont droit de s'énorgueillir d'eux : leur constance fut plus grande que leur désastre.

Au moment où les Arabes, redoublant d'efforts, barraient les approches du camp aux débris de cette petite colonne, le capitaine de voltigeurs Grandchamps fraya le passage à coups de sabre En cet instant c'était une lutte corps à corps et à l'arme blanche. Cet intrépide officier a reçu quinze à dix-huit coups de yatagan. Il a été décoré ; ce brave peut porter avec orgueil le signe qui pare sa poitrine cicatrisée, il l'a noblement gagné, comme aux beaux jours de l'empire.

Je passe sous silence plusieurs faits peu importants, et j'ai vraiment hâte de retracer les journées des 3, 4, 5 et 6 février 1840.

La défense de Mazagran est gravée sur l'airain.

Mostaganem, Mazagran et Matamore sont trois villes situées dans le territoire d'Oran.

Mostaganem, à une lieue de la mer, sur une colline assez étendue, est la plus considérable : elle est distante du port d'Arzew d'environ deux lieues et demie, si l'on fait ce trajet par mer; par terre, il est de près de vingt lieues.

La population de Mostaganem, autrefois considérable, était encore de 15,000 âmes en 1830; mais depuis l'occupation française, elle a été réduite à trois ou quatre mille individus, parmi lesquels il faut compter les Turcs ou Coulouglis, incorporés dans les troupes du beylik.

Matamore, très rapproché de Mostaganem, est bâtie sur un point culminant, et peut être regardée comme la citadelle de cette ville. A l'ouest, à une lieue et demie environ, on découvre Mazagran : on y arrive soit par une plaine, naguère étalant toutes les richesses d'une culture abondante et variée, soit en suivant la crête du coteau, d'où les désordres de la guerre et surtout une mauvaise administration militaire, ont fait disparaître les plus belles plantations.

Cette fatale habitude de sacrifier au besoin du moment, et de gaspiller partout les ressources du lendemain, a produit des résultats bien fâcheux. Les Maures, les Arabes entretenant avec tant de soin leurs ombrages, leurs jardins, leurs plantations d'orangers, de figuiers, d'oliviers et de grenadiers, nous accusaient de changer leurs précieuses possessions en un vaste désert.

Les masures de Mazagran sont dominées par un réduit composé de deux marabouts que le général Desmichels a fait fermer et qui se joignent par quelques ouvrages en terre : des fossés peu profonds et des murs en pierres sèches complètent le système de défense, qui n'arrêterait pas une compagnie de grenadiers ou de voltigeurs français. Le capitaine Lelièvre y commandait cent vingt-trois hommes de la 10° compagnie du bataillon d'Afrique.

Le 2 février, rien n'annonçait encore l'approche de l'ennemi : puis quelques Bédouins parurent et disparurent dans le lointain : on pouvait distinguer tous leurs mouvements avec une longue-vue. Enfin, les vedettes signalèrent les Arabes. Déjà le réduit est enveloppé par une multitude qui pousse des cris sauvages, en agitant ses drapeaux et ses armes. Le coteau, la plaine sont couverts d'Arabes qui s'attendent à pénétrer dans les deux marabouts, sans coup férir.

L'alerte avait été si imprévue et si rapide, que le lieutenant Mugnan, qui était hors des murs, n'eut pas le temps de rentrer avant la fermeture des portes : on fut forcé de le hisser à l'aide d'une corde.

Les beys de Tlemcen et de Mascara commandaient les assiégeants. Bientôt un bataillon d'infanterie discipliné à l'Européenne et de l'artillerie, sous les ordres de Mustapha-Ben-Tamy, s'établirent dans les maisons voisines : en moins de rien, celles-ci furent percées de créneaux, et deux batteries placées à une demi-portée de fusil, sur un plateau qui dominait légèrement la position française. La faible garnison, approvisionnée de grenades et de quarante mille cartouches, n'avait pour riposter à l'artillerie de Mustapha-Ben-Tamy, qu'une pièce de campagne de petit calibre.

Bientôt commença la vraie fusillade : alors la cavalerie se rapprocha et tira des milliers de coups de fusil : l'artillerie battit avec vigueur les murailles dont les éclats incommodaient beaucoup les 123 défenseurs de la bicoque, métamorphosée ce jour-là en une véritable citadelle.

Les quatre cents fantassins réguliers d'Abd-el-Kader, soutenus par d'autres troupes d'élite et par plusieurs milliers de cavaliers, se forment en colonnes qui s'avancent de tous côtés. La pièce unique des assiégés, est pointée avec tant de justesse qu'elle porte le ravage dans les rangs pressés des Arabes : ceux qui reviennent à l'assaut sont obligés de passer sur un monceau d'hommes et de chevaux. De part et d'autre l'acharnement est le même : à la fin une espèce de rage s'empare des assiégeants ; leur artillerie a fait une brèche que les Français parviennent à boucher avec des sacs de terre. Les Arabes s'y précipitent en furieux et cherchent à les arracher : les assiégés ont recours à la baïonnette et lancent à propos des grenades au milieu des groupes ennemis. La nuit ne met pas fin au combat ; les pertes des Arabes ne font qu'exalter leur fanatisme ; ils se glissent dans l'ombre pour épier le moment d'une surprise : les Français, sur leurs gardes, rivalisent d'activité et d'adresse pour fermer les ouvertures faites par les boulets. Les Arabes ne trouvant pas leur nombre suffisant, envoient chercher des renforts : une réserve considérable accourt, des cavaliers se ruent par milliers contre Mazagran : quatre-vingt-deux tribus, dont plusieurs touchent au désert, ont fourni leur contingent.

Mustapha-Ben-Tamy leur a promis la victoire ; les marabouts les enflamment par des paroles mensongères ; un régistre est ouvert pour l'assaut ; deux mille Arabes s'y font inscrire sur-le-champ. A chaque instant les lignes des assaillants s'épaississent en rétrécissant le cercle dans lequel les Français sont renfermés ; ces forcenés semblent vouloir les étouffer, à force de les étreindre. La batterie du plateau redouble son feu, elle entame les murailles, et les deux mille Arabes d'élite, jugeant la brèche praticable, s'y précipitent avec impétuosité ; ils sont vigoureusement repoussés. Alors ils feignent un moment d'être découragés ; mais le capitaine Lelièvre n'est pas dupe de cette ruse, et feint lui-même que la faible garnison, manquant de munitions, est réduite aux abois : il recommande un grand silence, un silence de mort, assignant à chacun son poste : les héros de Mazagran se couchent à plat ventre, le fusil armé ; c'est à peine s'ils osent respirer. Les Arabes tombent dans le panneau. Au moment où, pleins de sécurité, ils envahissent la place, les Français se relèvent et font feu tous à la fois ; chaque coup renverse un Bédouin : la baïonnette et le sabre ne restent pas oisifs ; le réduit est jonché de cadavres, la brèche en est comblée, l'étendard du prophète est renversé, souillé de sang et de boue. L'ennemi, déconcerté, éperdu, s'enfuit. Cependant les Arabes se rallient : ils reviennent à la charge. Des poutres et des madriers sont placés contre les murailles, l'ennemi s'en sert en guise d'échelles pour monter à l'assaut; mais à mesure qu'il arrive, on le reçoit à coups de baïonnette. Cette résistance étonne les Arabes qui ne se croient plus les soldats de l'armée sainte : l'émir ne les a-t-il pas envoyés pour vaincre ou mourir? Pleins de fureur ils s'avancent pour un troisième assaut; affrontant le feu des assiégés, ils plantent à une portée de pistolet trois drapeaux qu'environne aussitôt une troupe intrépide qui tombe et se renouvelle sans cesse : les cadavres s'amoncellent autour de ces enseignes de mort.

Le 6, le signal d'un nouvel assaut est donné; mais l'impétuosité des Arabes s'est refroidie : on remarque une certaine hésitation dans leurs rangs. Bientôt ils répètent que le destin leur est contraire et que Dieu combat pour les Français. Quelques coups de fusil ajoutent à leur triste conviction. Enfin plongés dans la consternation, ils enlèvent leurs drapeaux, replient leurs tentes, emportent leurs morts.

Après leur départ on a découvert de vastes silos encore remplis de cadavres : ils étaient au nombre de six à sept cents, aussi les Arabes poussaient-ils des cris déchirants qui arrivaient jusqu'aux décombres de Mazagran.

Du côté des Français la perte fut minime : trois hommes tués et seize blessés.

Abd-el-Kader eut à déplorer la perte de presque tout le bataillon d'infanterie, instruit à la française, et sur lequel il comptait beaucoup. Si Mazagran eût été pris, ce chef audacieux marchait sur Oran, et toutes les tribus levées en masse eussent alors porté le fer et la flamme dans toute la Régence.

Heureusement que les Arabes n'étant soumis à aucune discipline, rejetèrent l'avis de leurs chefs, qui voulaient former un cordon autour de Mazagran pour prendre la faible garnison par la famine. Cette dernière n'avait plus qu'une ration de biscuit.

Pendant cette résistance héroïque, la garnison de Mostaganem n'était pas restée oisive. Dès le premier jour elle s'était mise en marche pour secourir le capitaine Lelièvre et ses braves compagnons ; mais le lieutenant-colonel Dubarreuil était dans un grand embarras : s'il partait avec tout son monde, l'ennemi filant sur ses derrières pouvait lui couper tout moyen de retraite et s'emparer de Mostaganem ; s'il divisait ses forces, il conservait encore les mêmes craintes, et il n'avait pas l'espoir de faire une trouée jusqu'à Mazagran :

il ne pouvait donc que tenter une faible diversion, sans trop s'éloigner; c'est ce qu'il fit. Cette précaution eut les plus heureux résultats : les habitants, persuadés que cette petite colonne ne pourrait effectuer sa retraite, se préparaient à la fuite lorsque le lieutenant-colonel reparut avec ses braves, protégés par une ligne de tirailleurs. Le lendemain et les jours suivants on manœuvra de même. La colonne était composée de trois cents hommes précédés de deux pièces de canon, sous les ordres du capitaine Palais : dix autres pièces avaient été disposées pour protéger la retraite. La dernière sortie eut lieu le 6. A peine les trois cents braves étaient-ils hors des murs qu'ils furent vivement attaqués par huit mille Arabes : cette lutte opiniâtre se prolongea jusqu'à la nuit.

Le lendemain, la plaine étant libre, une partie de la garnison de Mostaganem s'achemina vers Mazagran. Ce furent de grands cris de joie de part et d'autre; on porta en triomphe les lambeaux du drapeau qui flottait majestueusement au-dessus des ruines du réduit. Dans un ordre du jour, le général Guéhéneuc a dit que ce trophée glorieux ne quitterait plus le premier bataillon d'Afrique.

Maintenant, laissant de côté de nombreuses mais insignifiantes razzias, je dois donner une description plus complète de Constantine.

Les féeries orientales ne pourraient imaginer une ville de guerre plus escarpée et plus inaccessible : assise, comme je l'ai déjà dit, sur un rocher dont les pans taillés à pic et d'une immense hauteur, semblent défier toutes les attaques des hommes, cette place a la forme d'un quadrilatère irrégulier, disposé en amphithéâtre. Deux de ses côtés, dirigés à l'est et au nord, sont dominés par le Mansoura, et en sont séparés dans toute leur étendue par un ravin étroit, de plusieurs centaines de pieds de profondeur, dans lequel coule le Rummel, tantôt à découvert, tantôt sous des voûtes souterraines creusées par les eaux. Un pont, dont les arcades élancées et légères, paraissent surgies de l'abîme par quelque effort surhumain, existe à l'angle de rencontre de ces deux faces, et établit une large et facile communication avec le Mansoura; des batteries multipliées, de longues galeries de pierres de taille, où peut s'abriter la défense des remparts escarpés et en zig-zag, qui tous protégent le pont et l'intervalle qui le sépare de la dernière porte de la ville, rendent cet abord presque inexpugnable.

Le côté opposé de Constantine, tourné vers le sud, est dominé à son tour, dans une partie de sa largeur, par le Coudiat-Ati, dont il est séparé par un espace assez profond, disposé en courbe presque régulière. La route de Tunis y est tracée, et reçoit plusieurs embranchements conduisant aux trois portes Bab-el-Djebia, Bab-el-Oued, Bab-el-Djedid, qui sont cachées dans les angles rentrants des remparts, et protégées par des bastions en saillies et casematés. C'est là le seul point où le rocher sur lequel la ville est bâtie ne soit pas à pic.

Le quatrième et dernier côté de Constantine a le plus de hauteur, et est dirigé vers le sud-ouest, au-dessus d'une plaine assez étendue, parsemée de cours d'eau et brillante de végétation vigoureuse. Les angles formés par les quatre angles de Constantine en complètent l'enceinte; l'un, aigu et moins élevé, se termine presque en pointe entre le Mansoura et le Coudiat-Ati : il est tourné vers l'Orient et côtoyé, d'un côté, par le Rummel, et de l'autre, par le ravin que j'ai indiqué. Le second est au pont d'El-Cantara. Des deux autres angles, le premier, sud-ouest, répond à l'extrémité du Coudiat-Ati; l'autre, nord-ouest, aux derniers escarpements du Mansoura; tous deux situés à des hauteurs inaccessibles, ont vue sur la plaine, où vient mourir le soleil couchant.

La ville, d'un aspect triste et sombre, recouverte de tuiles et bâtie en boue grisâtre sur des fondations de pierres de taille, appartenant à une époque plus ancienne, offre une teinte uniforme bien éloignée de l'éclat des blanches murailles d'Alger. Les maisons petites et serrées les unes contre les autres, comme dans tous les lieux forcément limités où la population ne peut s'étendre, laissent apercevoir çà et là quelques édifices plus considérables, et une douzaine de mosquées élèvent dans les airs leurs maigres minarets; mais nul signe de vie n'apparaît dans la place, aucune fumée ne nous rappelle l'activité incessante et partout infatigable de nos villes d'Europe; la nuit, on ne distingue aucune lumière, et la ville semble déserte.

Mes jeunes lecteurs ont sans doute remarqué, en tête de ce chapitre, le nom de Mascara, et le peu de mots consacrés à cette bataille. Ce n'est point de ma part une omission. Craignant de trop m'étendre sur l'Algérie, je voulais, pour ainsi dire, analyser les faits principaux; mais les bornes prescrites à cet ouvrage me permettant de revenir sur l'un de nos plus glorieux faits d'armes en Afrique, je reprends mon récit.

Les préparatifs de l'expédition étant achevés, les troupes de toutes armes se remirent en mouvement le 26 novembre 1835.

L'armée était divisée en quatre brigades : le maréchal de camp Oudinot commandait la première, le maréchal de camp Perregaux la deuxième, le maréchal de camp d'Arlanges la troisième, le colonel Combes la quatrième : la réserve était sous les ordres du colonel de Beaufort.

Pendant que les troupes s'établissaient autour du camp du Figuier, le maréchal Clauzel poussa lui-même une reconnaissance jusqu'au Sebka (terre salée) sans avoir d'autres nouvelles de l'ennemi que l'apparition d'une vingtaine de feux allumés sur quelques mamelons de l'Atlas et sur le territoire des Beni-Amer.

Le lendemain, le général Oudinot reçut l'ordre de partir pour se porter en avant, et se rendre à l'ancien camp de Tlélat, dont les retranchements n'avaient pas été détruits par les Arabes.

Pendant ce temps, le maréchal Clauzel levait définitivement le camp du Figuier, emmenant la brigade d'Arlanges, la réserve, le parc d'artillerie et les convois de l'armée.

Il poussa une lieue au-delà de Tlélat. Le 29, à sept heures du matin, les troupes étaient sous les armes. Le général Oudinot, commandant l'avant-garde, déboucha par la route qui, traversant la forêt de Mulez-Ismael, conduit dans la plaine du Sig. Le parc d'artillerie et tous les bagages de l'armée suivaient la même route; le colonel Combes commandait l'arrière-garde et l'escorte du convoi. Les brigades des généraux d'Arlanges et Perregaux marchaient serrées en masse parallèlement à la brigade Oudinot, qui se trouvait brigade de direction.

On franchit, dans un ordre parfait, le défilé de deux lieues formé par les forêts de Muley-Ismael, où le général Trézel combattit Abd-el-Kader au mois de juin dernier. Une centaine d'Arabes seulement flanquaient la droite de l'armée, se bornant à tirer quelques coups de fusil hors de portée, auxquels on dédaigna de répondre.

A une heure après midi, toutes les colonnes étaient réunies dans une plaine immense, à deux lieues et demie de la rivière du Sig. Le soleil brillait d'un si vif éclat, que cette rivière ressemblait à une lave ardente. Les Turcs et les Arabes du bey Ibrahim précédaient l'armée.

A moitié chemin de l'espace qui sépare la forêt de Muley-Ismael du Sig, un parti ennemi d'une centaine de chevaux, se présenta en avant de la colonne du bey Ibrahim, qui la fit charger et disperser par ses cavaliers. A cinq heures du soir, les zouaves et les troupes d'Ibrahim étaient établis de l'autre côté du Sig, et toute l'armée formait, comme au camp de T'lélat, un immense carré renfermant les parcs et les équipages. Une halte sur le Sig était indispensable; c'était à partir de cette position que les obstacles sérieux devaient se rencontrer devant l'armée. Le maréchal Clauzel ordonna en conséquence, au colonel du génie Lemercier, de tracer sur la rive droite de la rivière un camp retranché, pouvant contenir tous les équipages, et dans lequel une garnison de mille hommes pût résister à toute entreprise de l'ennemi. Le 30 au soir, les travaux touchaient à leur terme. Pendant cette journée, les Arabes ne commirent contre nous aucune hostilité; mais ils vinrent établir leur camp au pied de l'Atlas, sur la rive droite du Sig, et par conséquent sur la droite de notre camp. Leurs troupes se réunirent successivement sur ce point, où l'on voyait dans la soirée une masse d'environ quatre mille hommes, tant cavalerie qu'infanterie.

Le 1er décembre, à une heure après-midi, le maréchal Clauzel sortit du camp, emmenant avec lui le bataillon d'Afrique, un bataillon du 17e léger, un du 2e de la même arme, les zouaves, les Arabes d'Ibrahim, le 2e régiment de chasseurs à cheval et la batterie de campagne. Nos troupes auxiliaires se portèrent en avant avec beaucoup d'ardeur, soutenues par le 2e de chasseurs, par les zouaves du commandant Lamoricière, et par deux pièces de canon; elles chargèrent avec intrépidité les Arabes réunis au nombre de quinze à dix-huit mille hommes auprès d'un marabout, en avant de leur position. Ce poste fut enlevé avec la rapidité de l'éclair ; et nos troupes, s'abandonnant à leur ardeur habituelle, pénétrèrent assez promptement dans le camp ennemi pour s'emparer d'une partie des tentes, que les Arabes essayèrent vainement d'enlever et de transporter sur la montagne.

Bientôt, les cavaliers et l'infanterie qu'Abd-el-Kader tenait renfermés dans une gorge profonde accoururent au secours des fuyards, et vinrent prendre successivement part au combat qui se prolongea longtemps au pied de l'Atlas, entre nos tirailleurs, soutenus par l'artillerie et six mille cavaliers arabes environ, au milieu desquels combattaient des fantassins dont il était difficile d'apprécier le nombre.

Dans cette rencontre qu'on peut appeler combat, les Arabes montrèrent du courage et ne reculèrent pas même devant le canon. Leurs pertes furent plus grandes que celles des Français. Enfin, les troupes de l'émir, écrasées par la mitraille, furent obligées de battre en retraite.

L'effet moral de ce premier succès fut immense sur l'esprit des Arabes : ils purent comprendre que la valeur française suppléait au nombre.

Le 3 décembre, après un jour de repos, le maréchal Clauzel quitta la position qu'il avait fortifiée.

Entre le Sig et l'Habrah, on rencontre une plaine de sept lieues d'étendue : cette longue marche devait nécessairement se faire au milieu d'une nombreuse armée de cavaliers non moins actifs que dangereux.

A peine les troupes du colonel Combes avaient-elles quitté la rive droite du Sig, qu'elles furent assaillies par un parti d'environ trois mille chevaux, qui, pendant toute la journée, essaya vainement d'entamer la colonne. Mille à douze cents Arabes, quittant la position qu'ils occupaient sur les mamelons inférieurs de la montagne, s'étendirent sur la droite du maréchal Clauzel, l'attaquant avec assez peu de vigueur, et paraissant réserver leurs efforts pour le moment où celui-ci se trouverait aux prises avec l'émir dont les troupes, échelonnées près de la route, se disposaient à lui fermer le passage ; enfin, cinq à six mille cavaliers disséminées en face, sur la gauche, occupaient nos tirailleurs, sans retarder un seul instant la marche de la colonne.

Le maréchal Clauzel arriva dans cet ordre de bataille jusqu'à la hauteur de Sidi-Guarouf, où se trouvait le camp d'Abd-el-Kader. Celui-ci, toujours persuadé que le maréchal allait prendre la route de Mascara, mit en mouvement sa nombreuse cavalerie et son infanterie régulière, au milieu de laquelle il marchait en personne, entouré de ses principaux chefs et de ses étendards. Profitant de ce moment, où l'ennemi lui présentait ainsi des masses, le maréchal Clauzel fit avancer entre les tirailleurs et le flanc droit de la brigade Perregaux plusieurs pièces de canon, dont le feu fut si bien dirigé, que le premier coup pointé sur le groupe qui entourait Abd-el-Kader blessa son secrétaire qui marchait près de lui, et tua le porte-drapeau du bataillon régulier. Environ cinquante boulets et autant d'obus lancés contre les Arabes, les obligèrent à s'appuyer tout à fait à la montagne et à regagner en désordre les positions qu'ils se proposaient de défendre contre nous. Mais lorsqu'ils virent le maréchal Clauzel continuer sa route en plaine, et qu'il devint évident pour eux qu'il ne prenait pas la route directe de Mascara, nous eûmes en un clin d'œil, sur les bras, des milliers de cavaliers, l'infanterie régulière et les fantassins irréguliers combattant au milieu des chevaux de la cavalerie.

Nos tirailleurs et l'artillerie protégèrent la marche des colonnes qui se dirigeaient par une route plus courte que celle des Arabes, sur l'Habrah, dont le maréchal Clauzel connaissait le défilé dangereux; aussi donna-t-il l'ordre de serrer les rangs et de prendre un peu de repos.

Abd-el-Kader avait bien jugé des avantages que lui donnait, pour livrer un nouveau combat, le bois de l'Habrah. Il avait habilement disposé sur ce point une forte embuscade, qu'il s'était empressé de rejoindre après la déroute de Sidi-Garouf. Trois pièces de canon étaient pointées à l'entrée d'un profond ravin, un peu en avant du vaste cimetière de Sidi-Embarek, boisé et caché du côté de la plaine par un rideau qu'il fallait aborder pour découvrir le revers opposé. A une lieue environ du bois de l'Habrah, nos colonnes avaient cessé d'être attaquées, en tête et sur notre droite.

Le maréchal Clauzel marche en avant de la colonne, précédé de quelques tirailleurs que suit un peloton de chasseurs d'escorte de quarante à cinquante chevaux. Tout à coup les Français découvrent le revers du rideau, et se trouvent à deux cents pas d'une masse énorme de cavaliers, au milieu desquels vont donner dix ou douze éclaireurs. Le capitaine Bernard s'écrie : *En avant!* charge l'ennemi, le fait reculer en désordre à plus de cinq cents mètres. Heureusement que les Arabes malgré leur nombre, restent pour la plupart immobiles, et comme frappés de vertige à l'aspect d'une telle intrépidité : une partie seulement songe à tirer sur notre avant-garde, que le maréchal Clauzel fait promptement dégager par une campagnie d'infanterie; et, grâce à quelques obus qui éclatent au milieu des Arabes, ces derniers sont repoussés de nouveau et totalement dispersés.

Un coup de canon part en ce moment d'un mamelon de l'Atlas. Le maréchal Clauzel fait aussitôt avancer la brigade Perregaux à sa gauche, pendant que le général Oudinot continue son mouvement commencé sur la droite : alors, l'avant-garde composée des zouaves et des voltigeurs du 2e léger est arrêtée par le ravin, de l'autre côté duquel est embusquée l'infanterie régulière d'Abd-el-Kader. L'artillerie de l'émir commence un feu très lent mais assez bien dirigé, tandis que toute la lisière du bois de l'Habrah, qui croise le cimetière de Sidi-Embarek, se couvre d'un feu tellement vif, qu'il eût été difficile de le supporter longtemps.

Les zouaves et les voltigeurs franchissent le ravin, abordent si vivement l'infanterie arabe qu'elle se débande bientôt et s'enfuit en désordre : le général Oudinot conduit lui-même ses troupes et reçoit une balle à la cuisse; il ne veut pas quitter son poste, mais on le décide à faire visiter sa blessure.

Pendant ce temps, le général Perregaux fait attaquer le bois de l'Habrah par les voltigeurs du 17e léger. Plusieurs officiers s'élancent à la tête des troupes, nos jeunes soldats se rendent en un instant maîtres de la position sur laquelle s'appuyait la ligne des Arabes : l'artillerie dont le maréchal lui-même dirigeait le feu, achève d'ébranler l'ennemi, qui dès lors, poussé de toutes parts, abandonne le champ de bataille sur lequel, malgré tous ses efforts, il est contraint de laisser ses morts et même une partie de ses bléssés.

L'armée atteignit à sept heures du soir la rive gauche de l'Habrah, sur lequel on jeta un pont dans la nuit. Le maréchal ordonna au colonel du génie de faire traverser à l'infanterie le gué qui n'offrait aucun obstacle à la cavalerie et aux bagages.

Le 5 décembre, à la pointe du jour, malgré le feu de quelques centaines de cavaliers arabes, que deux pièces de campagne contenaient à distance de l'arrière-garde, toutes les colonnes s'étant formées, le maréchal Clauzel se dirigea du côté de Mostaganem. Les Arabes ne pouvaient se rendre compte de cette détermination.

Il était une heure après midi, lorsque l'armée parvint à la hauteur de la route de Mascara. Le maréchal Clauzel résolut de franchir la première chaîne de l'Atlas, tandis que son arrière-garde commandée par le colonel Combes, soutenait un combat assez vif avec les Arabes qui nous suivaient depuis l'Habrah. Les généraux Marbot et

Perregaux changèrent de direction par le flanc droit, pour faire face à la montagne : ils disposèrent en même temps les zouaves et les compagnies de voltigeurs chargés d'aborder l'ennemi en tirailleurs. Cette manœuvre parut déconcerter les Arabes, dont nous nous trouvions très rapprochés.

Le maréchal Clauzel ordonna l'attaque, et l'artillerie fit aussitôt pleuvoir sur les deux rives et dans la gorge même, une grêle de boulets et d'obus qui jetèrent le désordre dans les rangs ennemis. Les tirailleurs s'élancèrent au pas de course sur les Arabes ; les zouaves, qui les poursuivaient avec leur ardeur habituelle, apostrophaient les Arabes suivant la coutume des gens de cette nation, et leur demandaient s'ils croyaient encore que nous eussions renoncé à prendre Mascara. En moins d'une demi-heure nous étions maîtres de la route et des positions qui la dominent. Dans la plaine comme sur la montagne, l'ennemi, évidemment découragé et reconnaissant notre supériorité, cessa de combattre, nous laissant librement franchir la pente escarpée du haut de laquelle on descend dans une petite vallée où sont bâtis les marabouts de Sidi-Ibrahim. Le maréchal y plaça son quartier-général.

L'armée avait encore à parcourir environ six

lieues de terrain accidenté. Le lendemain, le maréchal Clauzel ordonna au colonel Combes qui protégeait le convoi de prendre la route qui serpente dans la montagne, en suivant les gorges et les revers les moins rapides. Le général d'Arlanges faisait l'arrière-garde, le général Perregaux flanquait la colonne sur la gauche en suivant les crêtes qui dominent la route de ce côté, et le maréchal Clauzel se porta de sa personne avec le général Marbot, tout à fait à droite et toujours en avant des bagages ; en sorte que l'ennemi ne pouvait pas prendre position au-dessus de la colonne qui parcourait la route tracée, sans que celle-ci le vit à dos et fût en mesure de le prendre à revers.

Ces mesures assuraient le passage de toute la montagne, sans aucun engagement sérieux. On avait hâte d'atteindre Aïn-Kebira, où est une fontaine que l'on disait assez abondante pour fournir aux besoins de l'armée. Le général Perregaux y arriva le premier.

Pendant toute cette journée, les Arabes, désespérant de combattre désormais avec avantage, avaient en grand nombre abandonné les drapeaux d'Abd-el-Kader. Ils essayèrent cependant de nous disputer le passage. Les zouaves du commandant Lamoricière, et les voltigeurs du 2⁵ régiment d'infanterie légère, débusquèrent au pas de course.

Ce fut le dernier combat que nous eûmes à livrer aux Arabes, qui, de toutes parts, abandonnèrent l'émir. On assure même qu'un des chefs de son armée lui arrachant le parasol (symbole de la souveraineté), lui dit avec insolence : *Quand tu seras redevenu sultan, nous te le remettrons.*

On n'était plus qu'à cinq heures de marche de la ville d'Abd-el-Kader ; et, bien que la journée fût avancée, le maréchal Clauzel fit avancer promptement la brigade Perregaux et se mit en route pour Mascara. Un escadron du 2e de chasseurs et les spahis réguliers s'emparèrent des portes.

A cinq heures du soir, l'armée entra dans Mascara.

Une partie de l'armée d'Abd-el-Kader avait commis la veille toutes sortes de désordres ; sa famille n'avait pas même été épargnée. La ville où il ne restait plus que sept à huit mille Juifs consternés et tremblants, offrait un spectacle déchirant, et le feu consumait un assez grand nombre de maisons.

Dans les premiers mois de l'année 1841, monseigneur l'évêque d'Alger, d'accord avec le gouverneur-général, conçut le pieux projet d'échanger les prisonniers français contre des prisonniers arabes. Abd-el-Kader, ayant accepté cette proposition, chargea son kalifat (lieutenant), Sidi-Mohammed-ben-Allah, ex-bey de Milianah, de fixer le lieu et le jour de l'échange. Ce dernier écrivit à monseigneur Dupuch, qu'il voulût bien se rendre le 18 mai à la ferme de Mouzaïa, où de part et d'autre on réunirait les prisonniers.

Les prisonniers arabes étaient au nombre de cent trente, savoir : quarante-trois hommes, quarante-huit femmes et trente-neuf enfants.

Un incident imprévu faillit rompre l'échange au moment où tout le monde le croyait sur le point de s'accomplir. La colonne commandée par le général Baraguay-d'Hilliers s'était emparée ce jour même de la ferme de Mouzaïa : le kalifat se croyant trahi fit rétrograder tous les prisonniers français. Monseigneur l'évêque, à cette fâcheuse nouvelle, envoya auprès du kalifat M. l'abbé Suchet, accompagné de MM. Berbragger, de Franclieu et Toustain. Ce ne fut pas sans difficulté qu'on put renouer les négociations. Enfin, il fut arrêté que l'échange se ferait près de Boufarik. Entre autres conditions, M. l'abbé Suchet et ses trois compagnons devaient rester comme ôtages jusqu'au lendemain 19. Cette fois, les choses se passèrent comme elles avaient été réglées.

Après cette heureuse issue, les Français s'écrient avec enthousiasme : *Nous ne sommes plus prisonniers!* Toute la population civile de Boufarik, tous les militaires du camp, officiers et soldats franchissent pêle-mêle les fossés et se précipitent aux barrières, ou se jettent dans les bras les uns des autres en pleurant.

Le lendemain, jour de l'Ascension, monseigneur célébra la messe d'action de grâces. Ensuite on se mit en route pour Alger.

Quelques jours après, le 30 mai, jour de la Pentecôte, deux Hadjoutes ramenèrent encore neuf prisonniers, qui n'avaient pu être rendus avec les autres à cause de leur éloignement.

Plusieurs de nos compatriotes étaient encore captifs à Tlemcen, capitale des Etats d'Abd-el-Kader, mais on ignorait le nombre de ces infortunés. Le gouverneur-général, en annonçant le 6 juin la prise de Mascara, fit connaître les noms de cinquante-six Français qu'on avait trouvés inscrits sur les murs d'un fort de cette ville. En tête de cette liste dressée par les prisonniers eux-mêmes, était une croix, et au-dessus ces mots : « *Nous ne savons où nous allons... à la garde de Dieu!* »

Aussitôt Monseigneur l'évêque résolut d'envoyer M. l'abbé Suchet auprès d'Abd-el-Kader, pour réclamer la liberté de ces prisonniers. Ce voyage n'était pas sans péril ; il fallait traverser des populations d'autant plus hostiles, que la guerre était poussée vigoureusement par les Français.

Pour comble d'embarras, comment aborder Abd-el-Kader qui ne faisait que paraître et disparaître? Le kalifat avait promis de rendre tous les prisonniers français à condition qu'on lui remettrait quelques-uns des siens alors détenus dans la prison d'Alger. Monseigneur l'évêque, qui avait sollicité auprès du gouverneur la délivrance de huit Arabes réclamés, attendait incessamment une réponse. Le même jour on reçut de France des présents pour l'émir et une réponse favorable : dès lors le voyage de M. Suchet fut décidé. Ce serviteur du Christ partit donc avec joie et alla accomplir sa mission avec tout le succès désirable. Honneur au pieux évêque d'Alger! ce prélat est digne de son ministère. Il lui appartenait, au milieu d'une guerre sanglante, de faire entendre la voix de l'humanité. Il a mérité le surnom de Saint-Vincent-de-Paul qui fut lui-même autrefois surnommé le père, le bienfaiteur des malheureux.

CHAPITRE V

Évènements militaires des Français dans le Maroc. — Poudrière d'Alger. — Les impénétrables grottes du Dahra.

Avant de raconter les glorieux évènements dont le Maroc a été le théâtre, je dois donner à mes jeunes lecteurs une courte description de ce pays, au nord-ouest de l'Afrique, le plus occidental des quatre États de la Barbarie. Ce dernier mot est formé de celui de *Berber*. L'empire de Maroc est traversé du sud à l'ouest par le grand Atlas, dont les sommets les plus élevés sont couverts de neiges continuelles, et dont les rameaux s'étendent vers le nord. Sa fertilité est remarquable dans tous les lieux arrosés, et sur lesquels le climat n'a pas une action trop forte, par exemple entre l'Atlas et la mer. On ne redoute dans ce pays que le vent chaud du désert, qui règne pendant trois semaines avant la saison pluvieuse. Les Marocains comme tous les autres Mahométans sont peu communicatifs et ne se voient que dans les lieux publics : leur maintien est grave et silencieux ; leur orgueil national leur fait mépriser les autres peuples, surtout les chrétiens, dont ils ne prononcent jamais le nom sans y joindre quelque injure. Dans les villes, la réclusion des femmes est des plus rigides ; celles des Arabes errants et des Berbers sont assujetties aux travaux les plus durs.

Lorsque les Espagnols et les Portugais eurent délivré leur pays des Maures, ils portèrent la guerre en Afrique : ils y firent des conquêtes, mais ils ne furent jamais tranquilles dans leurs possessions. Don Sébastien, roi de Portugal, y périt avec toute son armée, en 1579, à la bataille d'Alcazar. Les Espagnols ont conservé dans le royaume de Maroc les places de Ceuta, Penon de Velez, Alhucemas et Melilla.

En 1815 une sédition a éclaté au Maroc : plus de trente mille hommes ont perdu la vie dans une bataille.

Maroc, capitale du royaume, fut fondée en 1052 par Abou-al-Fin, premier roi des Almoravides : elle fut promptement bâtie et jouit longtemps de la plus grande prospérité. Elle doit sa décadence et sa dépopulation aux nombreuses révolutions dont elles fut le théâtre, à la peste de 1678 qui ravagea l'empire, lui enleva trois à quatre millions d'habitants, et à elle-même toute sa population; sa ruine fut enfin consommé par le carnage qu'y fit Muley-Elyesid, lorsqu'il la prit d'assaut.

C'est à Maroc qu'on a trouvé la manière de fabriquer le maroquin. On donne ce nom aux peaux de bouc ou de chèvres, qui, après avoir été travaillées et passées en sumach ou en galle, sont mises en couleur : on travaille de même la peau de mouton. En 1735, Granger, chirurgien de la marine royale, fit connaître en France les premières notions sur la fabrication du maroquin dans le Levant.

L'Afrique était appelé Lybie par les Grecs. Elle est représentée sur les médailles par une femme coiffée avec la dépouille d'un serpent dont la trompe avance sur le front : on voit auprès d'elle, soit un scorpion ou un serpent, soit un lion ou un cheval, ou des montagnes. Son nom, d'une étymologie incertaine, est romain d'origine *(Africa)*. L'Afrique actuelle ne présente aucun peuple digne d'attention; les arts, les sciences et la civilisation même y sont presque étrangers. On n'y connait ni grands évènements, ni grands hommes ; bien plus, les Européens n'ont que des notions incomplètes sur son vaste territoire. Les anciens connaissaient mieux que les modernes les parties septentrionales de l'Afrique. L'Egypte avait été le berceau de leurs lumières ; Carthage avait rempli le monde de son nom, et les Romains, au temps de leur plus grand luxe, mettaient du prix à posséder des maisons de campagne, aux lieux mêmes que nous appelons aujourd'hui les côtes de Barbarie.

Quant à la partie inférieure du continent, il est fort douteux que les anciens en aient eu connaissance, et c'est cette partie que les modernes ont explorée avec le plus de succès. L'Afrique, dans l'intérieur, est absolument inconnue ou très imparfaitement visitée. Ce que l'on sait de plus certain, c'est qu'elle est entrecoupée de déserts immenses et qu'elle renferme les bêtes les plus féroces. Des voyages ont été entrepris, mais les explorateurs ont été presque tous victimes de leur dévouement. Le major Laing a péri à la sortie de Tombouctou; Mungo-Park, quelle que soit la version qu'on adopte, s'est noyé dans le Niger, ou a été massacré par les ordres du sultan de Boussa; Clapperton, traité comme espion, a rendu le dernier soupir après une longue agonie, entre les bras de Richard, son fidèle domestique; M. Caillé, jeune Français, plus heureux, a rapporté des documents précieux, et plus récemment, M. Douville, bien qu'il n'ait fait que mettre en ordre des aventures qui ne lui sont pas personnelles, a jeté une grande lumière sur le sauvage Congo.

L'Afrique ne tient à l'Asie que par l'isthme de Suez. Elle renferme au nord-est l'Egypte, la Nubie et l'Abyssinie ; au nord le désert de Barca et la côte de Barbarie; au milieu, vers l'ouest, la Guinée ; au sud le Congo et la Cafrerie qui s'étendent jusqu'au cap de Bonne-Espérance.

Je ne sais si mes jeunes lecteurs approuveront ces digressions; cependant je les ai crues nécessaires pour leur donner une faible idée de ce grand continent qui forme à lui seul le tiers de l'ancien monde; de cet immense désert de Sahara qui s'étend à travers l'Afrique, à l'exception de la fertile vallée du Nil, montrant partout sa surface desséchée, que les voyageurs traversent pendant plusieurs jours sans trouver une seule goutte d'eau, sans voir la moindre trace de végétation. Pour ne pas s'égarer au milieu de ces collines de sables, changeant presque continuellement de place, il ne faut pas qu'ils perdent de vue la trace de leurs guides. Les vents sont chargés d'une poussière sablonneuse qui s'introduit dans la bouche et dans les narines; ces tourbillons de sable sont quelquefois tellement furieux qu'on a longtemps prétendu que des caravanes et même des armées entières avaient été ensevelies vivantes dans le désert; mais il est maintenant certain que les ossements nombreux que l'on y rencontre sont ceux des voyageurs qui ont succombé à la faim, à la soif, à la fatigue, et dont les corps ont été bientôt recouverts par les sables.

Je reviens à mon sujet.

La frontière du Maroc était depuis longtemps le foyer des intrigues des nombreux ennemis de la France.

Abd-el-Kader, ce héros fanatique des déserts, chassé de Mascara où il avait régné, s'était réfugié dans le Maroc. Là, son influence religieuse s'étendait non seulement sur la population, mais encore sur le chef même de l'empire; le sultan de Maroc n'était plus qu'un instrument entre les mains de l'émir, qui avait su lui inspirer des craintes sérieuses et fortifiées par un évènement tout récent.

L'Espagne s'était vue forcée de demander une réparation pour le meurtre de l'un de ses consuls dans l'empire du Maroc, et la Suède et le Danemark ayant exprimé la volonté de s'affranchir du tribut qu'ils payaient à cet État barbaresque, la manifestation de ces États chrétiens, appuyée par la médiation officieuse de l'Angleterre et de la France, donnèrent une nouvelle impulsion au fanatisme des Musulmans.

Le souverain du Maroc, considéré jusqu'alors comme le chef et le représentant des vrais croyants, dans la crainte d'être supplanté par l'émir, se vit forcé de céder à son tour à cette réaction des passions religieuses, et se montra disposé à entreprendre la guerre sainte.

Dans le mois de mai 1844, une escarmouche eut lieu sur la frontière de la province d'Oran, entre les troupes françaises aux ordres du lieutenant-général Lamoricière et 1,500 cavaliers marocains réunis à 500 Arabes conduits par Abd-el-Kader.

L'issue de cette levée de boucliers si imprévue, fut pour les ennemis la perte de deux cents cavaliers sabrés ou prisonniers, la déroute la plus complète du reste de leurs troupes : de notre côté, on compta seulement vingt-cinq blessés.

C'est ainsi que la guerre fut engagée par le sultan du Maroc.

Dans sa conférence avec El-Genaoui, lieutenant de l'empereur Abd-er-Raman, le général Bedeau demandait, au nom de la France, qu'Abd-el-Kader fût chassé du territoire du Maroc, ou forcé d'y vivre en simple particulier, en congédiant les cavaliers et les fantassins qu'il mène encore avec lui et de se retirer dans la province du Maroc de l'autre côté de l'Atlas, dans la ville que lui désignerait l'empereur; que les contingents des tribus fussent dissous et renvoyés chez eux ; enfin que les forces régulières de l'empereur sur la frontière fussent employées à y rétablir la tranquillité et à en éloigner Abd-el-Kader. El-Genaoui ne pouvant contester la justice et la modération de ces demandes, se rejeta sur la question des limites, prétendant reporter les troupes françaises sur la rive droite de la Tafna. Il lui fut répondu que c'était la première fois depuis la conquête d'Alger, qu'une semblable prétention était élevée de la part du Maroc, et que d'ailleurs cette question des frontières pouvait se traiter diplomatiquement à l'amiable, comme on en avait fait avec la régence de Tunis.

Pendant ces pourparlers, une grande fermentation régnait chez les Marocains. Les agents d'Abd-el-Kader avaient répandu le bruit que les Français exigeaient la cession de tout le territoire limitrophe, qu'ils demandaient la tête de l'émir, pour prix de laquelle ils offraient même à l'empereur, la charge d'un chameau de quadruples d'or. L'avarice bien connue d'Abd-er-Rhaman, et la férocité des mœurs musulmanes donnaient beaucoup d'apparence à cette invention monstrueuse.

La conférence durait depuis une demi-heure, lorsqu'on s'aperçut que les Marocains s'ébranlaient pour cerner les troupes françaises. El-Genaoui ne fut pas complice de la trahison, puisqu'il s'efforça de retenir son monde ; mais la garde même de l'empereur évaluée au nombre de deux mille cinq cents cavaliers, et qui formait la principale force de ce rassemblement, se montra la plus ardente à violer le droit des gens, droit que ces Barbares eux-mêmes connaissent fort bien. Peu s'en fallut que leur perfidie ne nous coûtât cher. La petite portion de nos troupes qui se trouvait sur le terrain de la conférence battait en retraite, débordée par un cercle de quatre cent cinquante cavaliers de la garde et des tribus, lorsque le maréchal Bugeaud accourut avec des renforts. A quelque distance, et sur le flanc droit du camp de Maghania, coule le ruisseau Oued-Mouilha, par le vallon duquel descendait sans être vue l'aile gauche de l'armée ennemie, qui devait couper la retraite du camp à nos soldats surpris et enveloppés par une trahison aussi imprévue. Ce fut dans ce vallon que le maréchal Bugeaud fit charger les Marocains, et ce fut là qu'ils perdirent le plus de monde. Ils furent pris en flagrant délit, comme l'on dit en terme de guerre d'un corps tournant qui se trouve lui-même attaqué et coupé dans sa marche furtive.

Le 23 juin, M. le prince de Joinville, commandant une division navale dans la Méditerranée, partit de Toulon pour se rendre à Oran, sur le vaisseau le *Suffren* à bord duquel flottait son pavillon. L'ensemble de cette division se composait des vaisseaux le *Suffren*, le *Jemmapes* et le *Triton*, de la frégate de soixante la *Belle-Poule*, de la frégate à vapeur l'*Asmodée*, de la corvette à vapeur le *Pluton*, et des bâtiments à vapeur le *Phare* et le *Rubis*. L'effectif des troupes s'élevait à un total de douze mille hommes.

Le prince de Joinville, qui avait mouillé dès le 23 juillet dans la rade de Tanger, fit descendre à terre deux officiers attachés à son état-major, MM. Touchard et Vernier qui ramenèrent à bord M. Doré de Nyon, consul-général; M. Fleurat, interprète; M. Maubourin, élève-consul, et M. Beischer, chancelier du consulat. On ne s'opposa pas à leur embarquement, parce qu'ils semblaient aller seulement rendre visite au prince français. Il s'agissait ensuite de faire sortir de la ville les femmes, les enfants des employés du consul, qui tous avaient leur famille à Tanger, à l'exception de M. Beischer. On prétexta un baptême, et les trois dames purent arriver à bord sans obstacle. Mais une émeute ayant tout à coup éclaté dans la ville, on menaça de mort nos nationaux, et le gouverneur s'opposa à leur départ.

Les consuls des diverses nations justement indignés d'une violence contraire à tous les traités, se rendirent auprès du caïd, mais ils ne purent rien obtenir. Le prince, instruit de la fermentation qui régnait parmi la population maure contre les chrétiens, consentit à se retirer à Cadix, accordant au gouverneur un délai de trois jours. Il fut convenu que M. Martineau se rendrait aussitôt par mer auprès du pacha de Larache, dignitaire supérieur au caïd de Tanger, pour en obtenir l'ordre de laisser partir les Français. Cet ordre obtenu et rapporté très rapidement par le consul de Naples, nos nationaux purent s'embarquer librement. L'*Argus* avait été laissé à Tanger pour protéger leur embarquement. Le prince expédia un autre bâtiment à vapeur vers les ports de l'Océan pour aller recueillir de même les consuls à Rabat, à Saffi, à Dar-Beida, à Mazagran et à Mogador. Le consul-général de Naples à Tanger avait pris sous sa garde l'hôtel du consulat de France.

Un corps de six mille Kabyles du Rif et de l'Hasbat était campé aux portes de Tanger pour défendre la ville en cas d'attaque. Les habitants les redoutaient autant qu'un ennemi du dehors.

M. le prince de Joinville et M. de Nyon ne regardant point comme acceptables les réponses évasives que Sidi-Bouselam faisait au nom de l'empereur du Maroc, on attaqua les fortifications de Tanger. Le vaisseau le *Suffren* ouvrit le feu ; toutes les batteries de la ville y répondirent par une décharge générale à mitraille ; mais le feu de l'escadre française était si bien nourri et si juste, qu'en peu de temps il fit taire celui des Maures. Bientôt on vit presque toutes les batteries en ruines, surtout celles du port et du fort de la Alcazaba.

Un troisième vaisseau français, jusque-là en réserve, avait été remorqué et disposé par un vapeur en bonne position pour rendre inutile la batterie dite du *Renégat*, dont le feu incommodait passablement par la proue les premiers bâtiments de la ligne. Ce vaisseau s'acquitta de sa mission avec une précision et un succès admirables.

Les escadres des autres nations restèrent simples spectatrices du combat dans la baie même. A la chute du jour, les bâtiments français mirent à la voile pour Cadix, afin de réparer les avaries souffertes dans le bombardement.

Depuis sa dernière opération, exécutée du 10

au 16 juillet, le maréchal Bugeaud, qui n'avait pas eu d'engagement avec les Marocains, s'était porté à deux journées de marche d'Ouschda, non pas sur la route de Fez, mais dans la direction de l'ouest, pour forcer le goum d'Ab-el-Kader à s'éloigner de nos limites, et tâcher d'y ramener les tribus algériennes qu'il menait avec lui.

Mais l'intensité des chaleurs et la rareté de l'eau forcèrent le maréchal à revenir au camp de Lalla-Maghania. Cette position, convenablement retranchée, fut munie de constructions provisoires qui en faisaient une place de dépôt, devenue le point d'appui et d'approvisionnement de toutes les troupes campées sur la frontière du Maroc, au nombre de sept mille hommes d'infanterie et mille quatre cents de cavalerie.

Le maréchal se porta en vue du camp marocain, tant pour mieux le reconnaître que pour hâter l'effet des négociations entamées. Mais les forces ennemies ne cessant de s'accroître, personne ne douta plus que la guerre sainte ne fût officiellement prêchée dans toutes les provinces. En effet, à la date du 9 août, les pourparlers avec le camp marocain n'ayant produit aucun résultat, les conférences furent rompues, et le maréchal, voulant prévenir la réunion de toutes les forces ennemies, fit avancer les siennes. Le 14, il rencontra l'armée marocaine à deux lieues en avant de son camp. Cette dernière prit l'offensive avec ving-quatre mille chevaux, au moment où nos têtes de colonnes passaient l'Isly, et nos troupes furent entourées de toutes parts. Jamais le courage des Français ne se manifesta d'une manière plus éclatante. Malgré l'immense supériorité numérique de l'ennemi, la victoire la plus complète vint augmenter notre gloire nationale.

Nous avons pris successivement tous les camps qui couvraient un espace de plus d'une lieue.

Onze pièces de canon, seize drapeaux, deux mille tentes, dont celle du fils de l'empereur, son parasol, signe du commandement, tout son bagage personnel, une grande quantité de munitions de guerre et un butin immense sont restés en notre pouvoir.

Les Marocains ont dû regarder comme un évènement incroyable, qu'une poignée de chrétiens, presque sans cavalerie, ait pu les disperser et s'emparer de leur camp.

A peine la nouvelle de la bataille d'Isly, volant de clocher en clocher, était-elle parvenue au gouvernement français, qu'une dépêche télégraphique lui apportait l'avis d'une seconde victoire remportée par la flotte. Le 15 août, Mogador fut attaquée par les forces navales sous les ordres du prince de Joinville; après avoir écrasé la ville et ses batteries, nos troupes prirent possession de l'île et du port.

Qu'on ne croie pas que le traité conclu avec le Maroc et les avantages remportés par les troupes françaises sur les tribus jusqu'ici hostiles, garantissent dorénavant l'Algérie des attaques d'Abd-el-Kader. Il a juré de soutenir la guerre tant qu'il pourra monter un cheval. Il a foi en Dieu, il espère en la protection du prophète, et il ne doute pas du triomphe de la cause qu'il regarde comme sacrée et dont il est devenu le héros.

La mise hors la loi prononcée contre l'émir, au nom de l'empereur du Maroc, n'a diminué ni son autorité, ni le prestige de sa puissance. Seul contre ses ennemis, Abd-el-Kader ne peut aujourd'hui espérer de les vaincre, mais il connait le secret de les harceler en attendant des jours meilleurs.

Quand la France voudra mettre un terme à cette guerre sanglante, il faudra qu'elle avise à d'autres moyens pour déjouer la tactique que l'émir a suivie jusqu'à ce jour avec tant de persévérance et de succès.

Il y a entre les chrétiens et les musulmans une barrière morale infranchissable ; ceux-ci peuvent être vaincus, mais de longtemps ils ne seront conquis.

Si Abd-el-Kader estime les Français, en revanche il a peu de sympathie pour les Anglais. Cependant c'est à eux qu'il achète ses munitions,

Ainsi, lorsque pressé par les tribus placées sous sa domination qui lui reprochaient d'avoir accordé la paix aux chrétiens, il déchira le traité de la Tafna et recommença la guerre sainte, il venait de recevoir par le Maroc des armes achetées pour son compte à Gibraltar.

Au milieu de la lutte acharnée qui se prolonge dans l'Algérie, le 8 mars 1845, à dix heures un quart du soir, une forte explosion frappa d'épouvante les habitants d'Alger ; elle venait du côté de la Marine. Une seconde explosion lui succéda, puis on entendit d'autres détonations semblables à celles de plusieurs vaisseaux qui lâchent leurs bordées. L'alarme devint plus grande ; de tous côtés on accourut sur la place. Le phare était éteint ; chacun crut que la tour qui le supporte avait sauté ; cette conjecture malheureusement n'était pas éloignée de la vérité. Les premiers qui arrivèrent à la Marine eurent, en dépassant le bâtiment de l'amirauté, un spectacle de ruine et de désolation difficile à décrire. Une partie du rempart rasematé entre la vieille tour espagnole, connue sous le nom de *Penon*, et le port, les maisons adossées à ce rempart, n'étaient plus qu'un monceau de décombres d'où s'échappaient des malheureux plus ou moins mutilés, couverts de sang et de poussière. Le pavillon habité par le commandant Palar, sous-directeur de l'artillerie, avait été emporté, ainsi que des logements habités par des compagnies d'ouvriers artilleurs et de pontonniers. Le logement du commissaire de la marine était abattu, et il n'en restait plus qu'un pan de mur; la maison du directeur du port avait eu le même sort, à l'exception d'une pièce restée à peu près intacte.

Les explosions, causes de ces désastres, avaient eu lieu dans deux magasins séparés l'un de l'autre par le fossé qui règne au pied de la vieille tour espagnole, sur laquelle se trouve le phare. Le feu allumé dans l'un par une cause restée inconnue, se sera communiqué à l'autre. Cet affreux évènement qui a fait tant de victimes, est d'autant plus inexplicable que depuis quatorze jours on n'était pas entré dans les magasins qui ont sauté, et qu'ils avaient de doubles portes. Ils contenaient de la poudre en petite quantité, des grenades fabriquées du temps des Turcs, des boites à balles, des biscayens et des obus, projectiles qui appartenaient en grande partie à la marine. Le peu de matière explosive contenue dans ces magasins ne rend pas compte des terribles effets de l'explosion, même en faisant la part de la résistance apportée par l'extrême solidité des bâtiments; aussi est-il présumable que quelque dépôt de poudre, antérieur à la conquête, et resté ignoré jusqu'ici, a pu donner plus d'intensité à ces épouvantables explosions. Quoiqu'il en soit, ce malheur déjà bien grand eût pu l'être davantage, puisque le parc d'artillerie renfermait alors six prolonges chargées de trente barils et de cinquante caisses de cartouches, qu'on était sur le point d'embarquer pour un des ports de l'Est, et que ces munitions, placées fort près de l'explosion, n'ont cependant pas été enflammées.

Dans les logements habités par les trois compagnies dont j'ai parlé plus haut, quarante-trois ouvriers d'artillerie sont morts ainsi que trente-un pontonniers, dix artilleurs et deux ouvriers de la 2ᵉ compagnie. On compte, en outre, trente blessés ; le sergent-major armurier Denot, sa femme et un enfant ont péri. Le contrôleur d'armes, Piron, a également succombé, après avoir subi l'amputation de la jambe. Cinq autres sous-officiers sont morts écrasés sous les ruines ; un seul qui avait eu la présence d'esprit, aussitôt que la première explosion se fit entendre, de se réfugier dans une embrasure, a été préservé. Parmi les cadavres retrouvés, on en a remarqué un dont la peau était presque retournée.

Pendant que les soldats alors couchés dans leurs logements succombaient presque tous à ce cruel désastre, des scènes non moins affreuses se passaient aux environs. Le commandant d'artillerie,

Souvenirs de voyage. 8

Palar, était écrasé sous les débris de sa maison, qui fut entièrement rasée par la violence de l'explosion. A côté du pavillon habité par cet officier, regrettable sous tous les rapports, se trouvait la maison de M. Segretier, directeur du port : il avait alors une vingtaine de personnes dans son salon. Madame Segretier, ayant entendu son fils pleurer, quitta un instant ses hôtes pour passer dans la pièce où était cet enfant : comme elle se rendait de là dans la salle à manger, afin de faire servir le thé, l'explosion eut lieu, et cette malheureuse dame fut ensevelie sous les ruines de sa maison, dont une seule pièce a été épargnée, celle qu'elle venait de quitter, celle où était réunie toute la compagnie. Madame Sylvestre, femme du secrétaire de M. l'amiral, fut la seule personne blessée, et encore légèrement. Lorsque les spectateurs de cette horrible scène revinrent à eux, ils entendirent les cris étouffés de Madame Segretier ; les dernières paroles de cette malheureuse mère furent : *Sauvez mon enfant !* A côté d'elle gisaient enterrées sous les décombres sa domestique et une autre femme de service, qui toutes deux ont été retirées vivantes. Quant à madame Segretier, elle avait cessé de vivre lorsqu'il fut possible d'arriver jusqu'à elle.

Il y eut encore beaucoup d'autres victimes ; les

actes de dévouement ne manquèrent pas non plus.

Jamais spectacle ne fut plus étonnant que celui présenté par les mines : on voyait des voûtes de quatre mètres d'épaisseur entièrement écroulées, tandis que de petits murs étaient restés debout, et que de frêles et longues cheminées dominaient, intactes, cet amas de pierres de taille. La tour du phare avait eu son escalier enlevé et sa porte sculptée rasée, mais l'écusson qui la dominait n'avait reçu aucune atteinte. La batterie ronde au milieu de laquelle la tour s'élève n'avait pas souffert, et cependant la chambre d'artifice la touchait ; les énormes voûtes qui ont été détruites, étaient sur les côtés ; enfin le fanal s'éteignit, sans que les vitres qui l'entourent fussent brisées. La chambre où l'explosion avait eu lieu ne contenait que deux barils de 50 kil. de poudre de mine et quelques obus. On croit généralement que sous ces voûtes il existait des silos remplis de poudre amassée par les Turcs. Le total des victimes s'est élevé à cent vingt personnes environ.

Après cette horrible catastrophe, je dois mettre sous les yeux de mes jeunes lecteurs un drame funèbre, l'épisode du Dahra. Cette scène d'horreur ayant été diversement racontée, j'emprunte deux relations : la première est d'un officier espagnol, la seconde, d'un officier français ; c'est le moyen de juger pièces en main.

PREMIER RÉCIT.

» Le 17 juin, sur la rive gauche de l'un des ruisseaux qui vont se jeter dans la mer, nommé d'abord Roudjérah, et plus loin, Bel-/..ria, quelques Kabyles s'avancèrent en tirailleurs, et ne cessèrent pas leur feu, même lorsqu'un de nos bataillons se dirigea de ce côté pour couper les figuiers et autres arbres fruitiers, et pour brûler quelques maisons. Je partis avec ce bataillon, et m'avançai avec plusieurs officiers, quinze cavaliers du goum et autant de fantassins, pour reconnaître des grottes où l'on savait qu'une grande portion de la tribu des Oulah-Rhia et quelques chefs de la conspiration avaient l'intention de s'enfermer et de se défendre. Arrivés à un quart de lieue de ces grottes, nous vîmes cinquante à soixante Kabyles qui se mirent à courir, sans doute pour se cacher dans l'intérieur de ces cavernes. Quelques-uns d'entre eux se détachèrent vers nous, et firent feu d'une distance énorme ; ce qui fut cause néanmoins que les cavaliers du goum nous abandonnèrent peu à peu. Au moyen de nos guides, on fit appeler l'un des Kabyles, et on lui dit que s'ils ne se soumettaient pas, ils seraient brûlés par les Français, qui avaient cinquante-six mules chargées de matières combustibles. L'Arabe répondit, sans se troubler, qu'ils étaient résolus à se défendre.

» Le 18, nous partîmes de bonne heure avec deux bataillons et demi, une pièce d'artillerie de montagne, la cavalerie et le corps de goum, pour assiéger la fameuse grotte ou caverne que nous avions reconnue la veille, située sur les bords du ruisseau Frechih, et nommée Ghar-el-Frechih (grotte du Frechih.) Après avoir posté des chasseurs devant les ouvertures placées du côté le plus accessible du Kantan, les troupes commencèrent à couper du bois et à ramasser de la paille pour allumer le feu à l'entrée de la grotte du côté de l'ouest, et obliger ainsi les Arabes à se rendre, attendu que tout autre genre d'attaque eût été très sanglant et presque impossible. A dix heures du matin on commença à jeter des fagots du haut du contre-fort El-Kantara; mais le feu ne se déclara qu'à midi, à cause de l'obstacle qu'opposait à la flamme, à ce que l'on croyait, un grand amas d'eau que l'on supposait exister à l'entrée; mais bien plus vraisemblablement à cause de la mauvaise direction que l'on avait donnée aux matières combustibles.

» Pendant la soirée, les tirailleurs s'approchèrent d'avantage, et serrèrent de près les ouvertures de la grotte ; néanmoins, un des Arabes parvint à se sauver du côté de l'est, et sept autres gagnèrent les bords du ruisseau, où ils firent provision d'eau dans des outres. Vers une heure, on commença à jeter, à l'ouverture de l'orient, des fagots qui, cette fois, prirent feu devant les deux ouvertures de l'autre côté, et, par une circonstance singulière, le vent poussait aussi les flammes et la fumée dans l'intérieur, sans qu'il en partît presque rien au-dehors, de sorte que les soldats pouvaient pousser les fagots dans les ouvertures de la caverne, comme dans un four.

» On ne saurait décrire la violence du feu. La flamme s'élevait au haut du Kantara, et d'épaisses colonnes de fumée tourbillonnaient devant l'entrée de la caverne. On attisa le feu jusqu'au point du jour. On n'entendait plus aucun bruit ; à minuit seulement, quelques détonations avaient retenti dans l'intérieur de la grotte, ce qui avait fait penser qu'on s'y battait.

» A quatre heures et demie, je m'acheminai vers la grotte, avec deux officiers du génie, un officier d'artillerie et un détachement de cinquante à soixante hommes de ces deux corps. A l'entrée se trouvaient des animaux morts, déjà en putréfaction, et enveloppés de couvertures de laine qui brûlaient encore. On arrivait à la porte par une traînée de cendre et de poussière d'un pied de haut, et de là nous pénétrâmes dans une grande cavité de trente pas environ. Rien ne pourrait donner une idée de l'horrible spectacle que présentait la caverne. Tous les cadavres étaient nus, dans des positions qui indiquaient les convulsions qu'ils avaient dû éprouver avant d'expirer, et le sang leur sortait par la bouche; mais ce qui causait le plus d'horreur, c'était de voir des enfants à la mamelle gisant au milieu des débris de moutons, de sacs de fèves, etc. On voyait aussi des vases de terre qui avaient contenu de l'eau, des caisses, des papiers, et un grand nombre d'effets. Malgré tous les efforts des officiers, on ne put empêcher les soldats de s'emparer de tous ces objets, de chercher les bijoux, et d'emporter les burnous tout sanglants. J'ai acheté un collier pris sur un des cadavres, et je le garderai, ainsi que les deux yatagans que le colonel nous a envoyés comme un souvenir de ces effroyables et lugubres scènes.

» Personne n'a pu savoir ce qui s'est passé dans la grotte, et si les Arabes, étouffés par la fumée, se sont résignés à la mort avec ce stoïcisme dont ils se font gloire, ou bien si ce sont leurs chefs et leurs fanatiques marabouts qui se sont opposés à leur sortie. Quoi qu'il en soit, ce drame est affreux, et jamais à Sagonte ou à Numance plus de courage barbare ne fut déployé.

» Le nombre des cadavres s'élevait de huit cents à mille. Le colonel ne voulut pas croire à notre rapport, et il envoya d'autres soldats pour compter les morts. On en sortit de la grotte six cents environ, sans compter tous ceux qui étaient entassés les uns sur les autres, et les enfants à la mamelle, presque tous cachés dans les vêtements de leurs mères. Le colonel témoignait toute l'horreur qu'il éprouvait d'un si terrible résultat; il déplorait les cruelles nécessités d'une guerre qui ne peut être comparée à aucune autre.

» Le prestige superstitieux qui s'attachait aux grottes est détruit pour toujours. Les Turcs n'avaient jamais osé les aborder; d'anciennes prophéties proclamaient ces cavernes impénétrables. Il n'y a eu d'autres prisonniers que la femme et le fils d'un kalifat, et quelques Arabes dont l'état exigeait des soins.

» Le 23 au soir, nous avons porté notre camp à une demi-lieue plus loin, chassés par l'infection, et nous avons abandonné la place aux corbeaux et vautours, qui volaient depuis plusieurs jours autour de la grotte, et que de notre nouveau campement nous voyions emporter des débris humains.»

SECOND RÉCIT.

« Deux heures après notre départ du camp, nous arrivâmes devant cette grotte; on fit descendre une compagnie de grenadiers par le chemin creux qui y conduit; mais à peine eurent-ils fait quelques pas, qu'une décharge les obligea de rétrograder. La position était inabordable; on ne pouvait entrer qu'homme à homme, et notre corps aurait été entièrement détruit si l'on eût fait cette tentative. Fiers de leurs retranchements devant lesquels les Turcs ont toujours échoué, n'ayant jamais été soumis à la domination française, les Arabes refusèrent de se rendre. Alors le colonel donna l'ordre de couper du bois, de faire des fagots, qu'avec beaucoup de peine on parvint à faire descendre vis-à-vis de l'entrée des rois grottes. Ces fagots, mêlés de paille, étaient retirés par les Arabes, malgré l'embuscade et les coups de fusils tirés par les hommes embusqués. Enfin, plusieurs ayant été tués, et l'entrée étant encombrée, ils durent renoncer à cette opération. On fit tomber des gerbes de feu, on alluma l'immense amas de bois. La journée du 18 fut employée à alimenter cette fournaise.

» Alors, on entendit dans l'intérieur un tumulte

— 178 —

effroyable formé de cris, de gémissements et de coups de fusil. On sut plus tard qu'on délibérait sur le parti à prendre, et que les uns demandaient à se soumettre, tandis que les autres refusaient. On ignorait encore que les plus violents l'avaient emporté ; on suspendit le feu des fascines et l'on recommença les pourparlers.

» Le 19, à 9 heures du matin, un Arabe sortit à travers les flammes ; il venait offrir sa soumission. On l'envoya prévenir ses malheureux compatriotes qu'ils devaient suivre le même exemple.

» Les Arabes offraient de payer soixante-quinze mille francs, mais à condition que l'armée se retirerait, que nous ne pénétrerions pas dans l'intérieur des trois grottes, et qu'ils conserveraient leurs armes. Les conditions ayant été refusées, ils rentrèrent dans les grottes ; leur fusillade recommença sur nous et sur ceux qui tentaient de s'échapper, et de notre côté l'ordre fut donné de continuer les corvées de bois : trois heures furent laissées aux reclus pour réfléchir encore.

» Enfin, le 19, après midi, le feu se ralluma et fut alimenté toute la nuit. Quelle plume saurait rendre ce tableau ! Voir au milieu de la nuit, à la faveur de la lune, un corps de troupes occupé à entretenir un feu infernal ; entendre les sourds gémissements des hommes, des enfants et des animaux, le craquement des rochers calcinés s'écroulant, et les continuelles détonations des armes! Dans cette nuit, il y eut une terrible lutte d'hommes et d'animaux!

» Le matin, quand on chercha à dégager l'entrée des cavernes, un horrible spectacle frappa les yeux des assaillants.

» J'ai visité les trois grottes; voici ce que j'ai vu :

» A l'entrée, gisaient des bœufs, des ânes, des moutons; leur instinct les avait conduits à l'ouverture des grottes pour respirer l'air qui manquait à l'intérieur. Parmi ces animaux, et entassés sous eux, se trouvaient des femmes et des enfants. J'ai vu un homme mort, le genou en terre, la main sur la corne d'un bœuf. Devant lui était une femme tenant un enfant dans ses bras. Cet homme, il était facile de le reconnaître, avait été asphyxié, ainsi que la femme, l'enfant et le bœuf, au moment où l'Arabe cherchait à préserver sa famille de la fureur de cet animal.

» Les grottes sont immenses; on a compté hier sept cent soixante cadavres; une soixantaine d'individus seulement sont sortis aux trois quarts morts; quarante n'ont pu survivre, dix sont à l'ambulance dangereusement malades; les dix autres ont été renvoyés dans leurs tribus; ils n'ont plus qu'à pleurer sur des ruines. »

La guerre est à la veille de disparaître de l'Algérie, dont la conquête ne peut plus nous être disputée. Il n'y a plus aujourd'hui à redouter de sérieuses attaques, et nous touchons à l'époque heureuse, où il n'y a qu'à songer aux moyens de tirer le meilleur parti de la plus importante de nos possessions. Déjà plusieurs plans d'organisation ont été présentés. Il ne reste qu'à choisir, pour que la réalisation s'opère largement et le plus promptement possible.

CHAPITRE VI

Chasse au sanglier. — La vendetta en Afrique. — Les cimetières à Alger.

Pour varier un peu nos amusements dans l'Algérie, nous primes part à une chasse au sanglier. Avant de la décrire, je dois rappeler qu'avril et mai sont les plus beaux mois de l'Algérie, surtout pour l'indigène de la région nord de la France, d'où le printemps a depuis longtemps disparu, et où l'influence de la lune rousse, prolongeant l'hiver outre mesure, fait de la saison des primevères la saison la plus meurtrière de l'année.

Déjà tous les oiseaux frileux, qui accompagnent le soleil dans sa fuite vers l'hémisphère austral, sont revenus avec lui. L'hirondelle, amie du pauvre travailleur, s'est installée au plafond de sa cabane et sous les auvents de son toit pour être plus à portée de lui prêter secours contre les insectes ailés qui troublent son sommeil ; la petite mésange *Annonciade*, l'échenilleuse des vergers, bâtit sous le cintre de la tuile son lit de plume, berceau d'une couvée plantureuse. La grive d'Afrique, charme des solitudes, module ses douces chansons sous les hautes branches des frênes. Le rossignol *fait écumer ses cascades d'accords*, sous les voûtes ombreuses des saules et des platanes. Le chardonneret babillard se balance au sommet de la tige du mûrier comme une fleur épanouie. De nombreuses tribus de roliers bleus, de guêpiers verts au long bec recourbé en forme d'arc, comme celui du colibri, animent les champs de l'air de leur vol tournoyant; le héron garde-bœuf, oiseau blanc, gracieux, qui manque à nos contrées de France, vient chercher le bœuf à l'étable pour le conduire au pâturage. La cigogne plane dans la hauteur de l'espace où l'œil se fatigue à la suivre et cherche vainement la place où la barbarie d'Afrique, plus humaine que la civilisation d'Europe, lui préparait autrefois un asile.

Au champ, tous les arbres revêtent leur parure de printemps. La feuille sombre de l'olivier disparaît sous la neige des pétales, les calices des fleurs de l'oranger et de l'azédarac ouvrent aux brises de la plaine leurs cassolettes embaumées, les couleurs les plus éclatantes et les plus variées du prisme, le rouge sanglant des sauges, le jaune d'or des synanthérées, le pourpre des légumineuses, miroitent aux regards dans le vert encadrement des prairies.

C'est aussi le temps où la caille paresseuse arrive à tire-d'aile du centre du continent d'Afrique, pour venir élever une ou deux générations nouvelles aux climats inhospitaliers d'Europe; où la tourterelle, qui émigre en même temps que la caille et vit aux mêmes lieux qu'elle, couvre les nouvelles routes de l'Algérie de ses bataillons serrés pour butiner le grain que les voitures des convois et des bêtes de somme y sèment en passant.

C'est le moment enfin où les laies allaitent leurs portées, où le marcassin porte encore la livrée, où la destruction du sanglier, trop commun encore en certaines contrées de l'Algérie, peut s'accomplir facilement.

L'espèce du sanglier peut être considérée comme la plus féconde de toutes les espèces mammifères qui vivent à la surface du globe; car si les races inférieures du lièvre, du lapin et du rat engendrent un plus grand nombre de rejetons dans la même période de temps, la destruction qui pèse sur ces races vouées en pâture à tous les carnivores de l'air et de la terre, atténue largement cette supériorité de fécondité relative, et rétablit au bout de l'année la balance en faveur de la race du sanglier, qui n'a que deux ennemis à craindre dans la région algérienne, le lion et la panthère. Aussi le sanglier a-t-il été longtemps, et de 1830 jusqu'à ces dernières années, le gibier le plus commun de la Métidja.

Au centre de la plaine, à l'ouest de Boufarik, de la tribu de Boucandoura aux rives du Massafran, et jusqu'au pied du Sahel, s'étend une prairie magnifique que l'incurie des possesseurs du sol a laissé se transformer en un marais fétide, foyer de brouillards méphitiques et de fièvres mortelles.

Le sanglier affectionne pour son compte ces savanes noyées des deux mondes, où le limon fermente, où l'influence combinée de la chaleur et de l'humidité permet aux végétations parasites de se déployer dans tout leur luxe. La terre ne se repose pas, parce que l'homme, son maître, néglige de tirer parti de sa puissance créatrice et de sa fécondité. La savane dont il est ici question s'est couverte avec le temps de forêts de roseaux aussi hautes, plus fourrées qu'aucun de nos taillis d'Europe, et parsemées de distance en distance d'épais bouquets de frênes, souches de futaies superbes qui ne demanderaient qu'un peu d'assainissement et d'air pour se développer. Le plus souvent les tiges caduques de ces roseaux, arrêtées dans leur chute vers le sol par une végétation encombrante, formant au sein des fourrés, et souvent à hauteur d'homme, des espèces d'appentis naturels sous lesquels les sangliers, les hyènes et les chacals trouvent un refuge des plus commodes.

Les laies y descendent, au mois de mars, de toutes les hautes herbes de la plaine et des gorges voisines du Sahel pour y mettre bas, et y élever leur famille en pleine sécurité. La bauge qu'elles façonnent à cette intention n'est plus comme en France, une espèce de cabane tapissée d'herbes sèches et couverte de branchages : cet établissement ressemble beaucoup plutôt à un nid de mouette ou de cygne. C'est un lit de roseaux d'une épaisseur confortable, assis sur la vase et installé de manière à pouvoir surnager en cas d'inondation. Les sangliers, qui ne sont pas des ingénieurs et des maçons de la force des castors, n'ont pas poussé plus loin l'art de bâtir sur pilotis.

Les marais de Koumili confinent au bois des Kurésas, l'ancien repaire des Hadjoutes, une tribu d'assassins non moins redoutée autrefois de l'Arabe que du colon français. C'est la dernière partie de la Métidja que l'ennemi ait vidée. Les combats meurtriers de Coléah et d'Oued-Lalleg, glorieux pour les armes d'Abd-el-Kader, et où l'on a vu pour la première fois les Barbares essayer une contrefaçon de tactique européenne, ont consacré l'illustration de ce lieu dans les fastes militaires du pays.

Bien que la population d'Alger se répandant sur la plaine eût fait main-basse sur tout le gibier, nous partimes une douzaine de chasseurs, escortés de six chiens d'arrêt, un barbet de plus; nous étions munis d'allumettes chimiques, qui remplacent avantageusement les traqueurs pour la battue des enceintes inabordables de roseaux et de ronces dont cette terre est encore ornée.

Le sanglier de la Métidja, habitant des fourrés inextricables de ronces et de vigne, est obligé d'y tailler lui-même ses corridors et ses appartements, de sorte qu'il suffit d'examiner si le buisson est percé et frayé pour juger s'il est habité. Cette certitude est-elle acquise, il ne s'agit plus que de poster un tireur à chacune des issues, comme on fait pour les gueules d'un terrier de renard; puis de mettre le feu au fourré, pour forcer la bête à déguerpir. On conçoit que, dans ces données, l'auxilaire d'un barbet soit plus que suffisant. Que le chien ait assez de nez et de courage pour suivre, jusqu'à ce qu'elle tombe, la bête blessée à mort, c'est tout ce qu'on lui demande.

La première enceinte est formée : nous sommes postés à dix pas les uns des autres, autour d'un espace de terrain d'une superficie de vingt ares tout au plus. Les chiens se sont glissés à travers les conduits souterrains jusqu'au cœur de la place. Leurs aboiements acharnés nous annoncent qu'ils sont en vue de l'ennemi; la flamme brille, le buisson s'allume; les feuilles atteintes par l'incendie, crépitent et s'élancent dans l'air pour retomber en pluie de feu, mais rien ne bouge. Voici que la brise fraîchit, la fournaise gagne le fort. Garde à vous ! le fourré s'ébranle, les marcassins débouchent; il nous en passe de tous côtés à travers les jambes, mais des ennemis de cette taille ne sont pas dignes de notre colère, et nous réservons notre poudre pour meilleure occasion. De formidables grognements accentués par la fureur se font entendre ; une énorme laie paraît au même instant. Dix coups de fusil partent à la fois sur la bête, qui tombe inanimée. Mais nous n'en sommes encore qu'aux premières scènes du drame. Un sanglier de la plus forte taille a été aperçu dans l'enceinte, d'où il n'est pas sorti; acculé dans un épais bouquet de joncs que l'interposition d'une rigole de vase a préservé de la contagion de l'incendie, il demeure insensible à toutes nos clameurs et aux provocations des chiens. « Apporte à moi, Mouton ! » Le terrible appel n'a pas retenti deux fois aux oreilles du barbet courageux, qu'il a franchi la rigole et s'est rué, tête baissée, contre le nouvel ennemi. On n'aboie plus, on mord, on se cramponne des dents aux oreilles, à la queue, n'importe où. La bête furieuse fait claquer ses mâchoires, et bondit enfin au milieu de l'assistance, traînant Mouton à la remorque, Mouton qui ne démord jamais, nous affirme son maître, quand il est bien accroché. Elle est saluée à sa sortie d'une décharge de mousqueterie générale. Le sanglier chancelle, mais avant de tomber, il a rassemblé ce qui lui reste de vie dans un suprême effort, et désarçonnant le barbet par une adroite saccade, il se retourne sur lui et lui fait dans les flancs une large blessure.

Nous revînmes à Alger avec nos glorieux trophées; on nous félicita comme s'il se fût agi d'une razzia chez les Garabas ou les Beni-Amers.

Je crois devoir placer ici une *Vendetta africaine*, histoire qui a beaucoup d'analogie avec les vengeances de la Corse, île soumise de nom seulement au gouvernement français : la contribution foncière est à peu près nulle dans la patrie de Napoléon, et les choses y vont leur train absolument comme au bon temps de la guerre avec les Génois.

Les deux tribus kabyles des Ouled-abd-el-Djebbar et des Beni-Idjer, qui campent l'une et l'autre aux environs de Bougie, étaient en brouille depuis des siècles. Il y avait surtout une vive hostilité entre les familles de leurs chefs, Kaïd-Amed-Ben-Mohammed et Kaïd-Halled-Boursali.

Or, cinq années avant l'époque où commence notre récit, la chamelle de Boursali, le caïd des Beni-Idjer, avait mis bas un jeune mâle que son maître avait pris plaisir à dresser de ses propres mains. Maintenant, l'animal étant d'âge et de taille à supporter un cavalier, reconnaissait parfaitement celui qui l'avait élevé ; il s'accroupissait de lui-même devant son maître, quand ce dernier se disposait à le monter, et Boursali n'eût pas donné son jeune chameau pour tout le reste des troupeaux qui paissaient l'herbe de son *haouch*.

Kaïd-Ahmed, instruit de cette circonstance, résolut de tout faire pour enlever le jeune chameau. Il réunit donc quelques-uns de ses parents, leur confia son projet, et leur demanda s'ils étaient résolus à l'accompagner. Sur leur réponse affirmative, ils partirent tous bien armés. Ils arrivèrent dans la nuit sur le territoire des Beni-Idjer, se placèrent en embuscade près de l'habitation de Kaïd-Boursali, et quand parut le jour, observèrent avec beaucoup d'attention les allées et venues des bergers et autres serviteurs du chef. Ils reconnurent sans peine l'étable où l'on remisait le chameau. Leurs yeux suivirent les pasteurs conduisant les troupeaux aux champs, aussi furent-ils bientôt convaincus que le jour même ils pourraient accomplir leur perfide et dangereux dessein.

Les bestiaux une fois dans la campagne, un pâtre resta à la garde. Les autres retournèrent vaquer aux soins plus importants de la maison du maître, ou à des travaux agricoles; et quant à l'unique berger, croyant n'avoir aucun danger à redouter, puisque sa tribu était en paix, il se laissa gagner par la chaleur du jour et engourdir par le sommeil. Ses chiens haletants, vinrent alors se coucher près de lui et s'endormirent à ses pieds. Ceci se passait à environ une heure de marche de la maison de Boursali.

Le silence le plus profond régnait dans ce lieu désolé, fréquenté seulement la nuit par les lions et les chacals. Kaïd-Ahmed et ses parents s'approchèrent doucement du troupeau, tantôt en se cachant derrière les broussailles, tantôt en rampant sur le sol, et ils voulèrent prendre le chameau; mais le bruit de leur approche, si léger qu'il fût, n'échappa point à l'oreille exercée des chiens, qui se mirent à gronder, et par leurs aboiements réveillèrent le pâtre négligent. — Kaïd-Amed dit alors à ses parents : « Arrêtons-nous : êtes-vous hommes à aller en avant tout seuls? car si j'ai l'imprudence de me montrer, ce pâtre me reconnaitra assurément ; Kaïd-Boursali saura à qui il doit imputer la perte de son chameau et portera infailliblement la guerre dans nos *dacherahs.* »

En parlant ainsi, Kaïd-Ahmed raisonnait tout à fait à la façon des Kabyles qui, bien que courageux et capables d'affronter au besoin l'ennemi à visage découvert, se hasardent le moins possible, et estiment la ruse pour le moins à l'égal de la bravoure. Ses parents lui répondirent : « Ne crains rien, nous allons entourer le pâtre et le tuer ; la tombe est muette. »

Le malheureux berger n'avait pas prononcé trois fois : *Allah!* que plusieurs coups de yatagan le réduisirent pour jamais au silence.

Cependant les chiens continuant d'aboyer, s'opposaient à l'enlèvement du troupeau.

« Ces animaux nous feront découvrir, dit Kaïd-Ahmed ; il faut nous en débarrasser à tout prix. »

Aussitôt deux hommes de la bande armèrent leurs pistolets, et, s'approchant du jeune chameau, firent mine de s'en saisir. Les chiens qui avaient

su jusqu'alors éviter les yatagans, leur ayant couru sus comme ils s'y attendaient, reçurent deux coups de feu en même temps, et furent couchés par terre
« Eh! vite en route! s'écria Kaïd-Ahmed, tout ce vacarme peut attirer ici quelqu'un; chassons devant nous tout ce que nous pourrons réunir du bétail de Kaïd-Boursali, et sauvons-nous. Je me chargerai, pour ma part, du jeune chameau. »

Les Kabyles applaudirent et poussèrent en avant les bœufs et les chameaux de Kaïd-Boursali, en ayant soin de marcher sur les traces que les pieds de ces animaux imprimaient sur la terre fraîchement détrempée par la pluie. Arrivés le soir dans la tribu de Chellalah, ils s'y reposèrent quelques heures, puis en repartirent avant le jour, suivant, de peur d'être vus, les chemins les plus détournés, car ils étaient sur le territoire de gens alliés aux Beni-Idjer. La pluie continuait de tomber. Ils virent que malgré la prudence de leur marche, la route qu'ils suivaient pourrait bien être décelée par les vestiges de leurs pas. Pour obvier à cet inconvénient, ils prirent les chameaux et les bœufs par la queue, et les firent marcher à reculons. Leur course s'en trouva ralentie de beaucoup; mais, en revanche, cet expédient compliquait singulièrement pour leurs ennemis les difficultés de la poursuite.

Ils traversèrent heureusement le pays des Tagabath et ne tardèrent point à arriver aux bords de l'Oued-el-Kebir. Là, ils firent entrer leur prise dans l'eau, afin de dépister complètement Kaïd-Boursali, si, par impossible, celui-ci réussissait à les poursuivre jusque-là. Puis ils côtoyèrent les bords de la rivière, marchant alternativement dans son lit et sur les rochers qui la tiennent comme encaissée. C'est ainsi qu'ils franchirent les territoires neutres des Tghamin, des Beni-Immel et des Senadjah.

Et enfin, après une longue absence, ils revirent leurs dacherahs où l'on chanta victoire, et où toute leur famille les accueillit avec des transports de joie. Le troupeau fut partagé entre tous les Kabyles qui avaient pris part au coup de main; Kaïd-Ahmed ne retint pour lui que le jeune chameau qu'il avait enlevé à son ennemi mortel.

Cependant les gens de Boursali avaient entendu les deux coups de feu tirés par la bande d'Ahmed; ils étaient accourus au bruit et avaient vu le berger mort, les deux chiens étendus sans vie, et le troupeau, réduit de moitié, épars le long de la colline. Ils se hâtèrent de prévenir leur maître qui, s'étant assuré par ses yeux de la vérité de leur récit, resta muet et tout tremblant de colère et de désespoir. Il jura sur sa propre tête qu'il tirerait une vengeance de ce méfait, et s'engagea à ne point prendre de repos qu'il n'eût envoyé les âmes des meurtriers de son malheureux pâtre en l'autre monde.

Sans perdre de temps, il réunit tous ses gens et quelques-uns de ses proches, leur confia et son injure et le plan qu'il avait conçu. Sur-le-champ ils prirent leurs longs fusils et se mirent en route avec lui. Le démon de la vengeance les guidait et hâtait leur marche.

Par l'ordre de Boursali, ses serviteurs parcoururent tous les sentiers voisins, et vinrent sur le soir annoncer qu'ils avaient trouvé les traces du troupeau volé. Le maître alla au lieu désigné, et reconnut parfaitement l'empreinte du pied de son chameau qu'il eût distingué entre mille. La piste était nettement marquée jusqu'à l'entrée du territoire des Chellalah; mais arrivés là, les Béni-Idjer ne surent plus quelle route suivre, car le chemin se perdait dans les rochers, et il était impossible de deviner si les ravisseurs avaient continué de marcher en ligne droite.

Les gens que Boursali interrogea déclarèrent de bonne foi que, depuis plusieurs jours, il n'était venu aucun étranger dans la tribu. Et dans le fait, Kaïd-Ahmed avait pris soin de n'aborder le territoire des Chellalah que la nuit, et d'en repartir avant l'aube. Les mêmes gens ajoutèrent que, sans doute, les voleurs avaient pris le ravin de gauche qui conduit à la rivière. Cette indication était fautive ; mais, chose singulière, ce fut cette erreur même qui déjoua les calculs de Kaïd-Ahmed, et contribua à mettre Boursali sur la trace des ravisseurs ; car, si ce dernier eût suivi la véritable direction qu'avait prise son ennemi, il serait arrivé au milieu du territoire d'Amalou, et là se serait infailliblement fourvoyé à l'inspection des pas de son bétail que Kaïd-Ahmed, on se le rappelle, avait fait marcher à reculons.

Pénétrant donc dans le ravin, il arriva chez les Tagabath, au lieu même où les voleurs de troupeaux étaient entrés dans la rivière. Parmi les marques de sabots qui se dessinaient sur le marécage du bois, l'œil perçant de Boursali reconnut sans peine celles de son chameau favori. Les mêmes traces ne se retrouvant pas sur l'autre rive, le chef kabyle en conclut avec raison que les voleurs avaient suivi le cours du fleuve, et il marcha dans la même direction.

Sa troupe se partagea : la moitié côtoya la rive droite du fleuve, et l'autre prit à gauche. Des difficultés sans nombre l'arrêtaient presque à chaque pas : tantôt les bords de l'Oued se trouvaient tellement hérissés de rochers à pic, qu'il fallait ou marcher dans l'eau, ou s'éloigner de la rivière en décrivant de longs circuits pour aller gagner souvent, à une ou deux lieues de distance, une plage moins accidentée; tantôt ils distinguaient dans le sable de la grève, sur lequel ils avaient sans cesse l'œil fixé, quelque faible indice du passage de ceux qu'ils poursuivaient. Mais bientôt apparaissaient de nouveau les rochers dont le dur silex n'offrait aucun vestige des fuyards. On s'arrêtait dans toutes les dacherahs, on accablait de questions chaque voyageur; et Kaïd-Ahmed avait si bien pris ses mesures que nul, dans le pays, ne savait seulement ce dont Boursali voulait parler.

Il vint un moment où celui-ci, épuisé de fatigue et ne sachant où poursuivre son ennemi insaisissable, fut sur le point de se laisser aller au découragement. Ses compagnons étaient encore plus accablés.

« Tu vois notre embarras, lui dirent-ils; mieux que nous tu peux savoir qui t'a volé. Dis-nous le fond de ta pensée, et tâche de nous fournir quelque renseignement propre à nous remettre sur la voie.

— Qui voulez-vous que je soupçonne, répondit Kaïd-Boursali, si ce n'est l'ennemi mortel de notre famille, Kaïd-Ahmed-ben-Mohammed, chef des Ouled-Abd-el-Djebbar?

— Ce n'est cependant pas la route de sa tribu que nous suivons, repartirent les parents de Kaï; mais n'importe. Ce chef rusé peut avoir mis sa sagacité en erreur par quelque tour de sa façon. Il faut vérifier le fait. Restons ici, et, pendant ce temps, deux de tes serviteurs, choisis parmi les plus intelligents et les plus dévoués, iront, déguisés en marchands de l'intérieur, s'informer de ce qui s'est passé dans l'arche même de Kaï-Ahmed. »

Ce conseil fut suivi, et deux des serviteurs de Boursali furent aussitôt envoyés en reconnaissance, tandis que les autres se reposaient sur les bords de l'Oued-el-Kebir. Quand revinrent les deux émissaires, du plus loin qu'on les vit paraître, chacun courut à leur rencontre, et avant qu'ils eussent ouvert la bouche, on put voir, à l'expression triomphante de leurs visages, qu'ils rapportaient une bonne nouvelle. En effet, ils annoncèrent qu'ils avaient vu le chameau et tous les bestiaux volés dans la dacherah de Kaï-Ahmed; ils ajoutèrent qu'on préparait un grand festin pour célébrer le brillant coup de main du chef, et que la fête devait avoir lieu le soir du sixième jour après leur départ de la dacherah.

« Nous y serons! s'écria Boursali radieux. En partant à l'heure même, nous y arriverons à temps pour figurer au festin d'une façon digne de nous. »

Ils levèrent le camp aussitôt, et atteignirent en effet le but de leur voyage dans la matinée du jour pour lequel la fête avait été annoncée.

La dacherah de Kaïd-Ahmed occupait le sommet d'une petite colline à pente douce, planté d'une multitude d'arbres, au milieu desquels poussaient des herbes hautes et touffues. Il ne fut donc pas difficile à Boursali et à ses compagnons de se tenir cachés jusqu'à l'heure propice pour l'exécution du plan qu'avait conçu le chef kabyle. La pluie avait cessé depuis plusieurs jours et fait place à une température brûlante qui avait desséché les herbes et grillé les feuilles des arbres. Cette vue fit sourire Boursali qui, alors seulement, instruisit ses compagnons de son projet. Après le leur avoir communiqué à voix basse, il ajouta :

« Quand la zorna et le tambourin donneront ce soir le signal de la fête, ce sera le moment d'agir. »

En attendant l'heure indiquée, les Kabyles se glissèrent silencieusement dans les profondeurs du massif, de façon à environner la dacherah de toutes parts ; puis tirant leurs yatagans, ils formèrent devant eux des amas de branches sèches, de chardons à haute tige et d'arbrisseaux à demi-torréfiés par le soleil.

La nuit était déjà épaisse, quand les premiers

sons du tambourin et du hautbois se firent entendre. Aussitôt la flamme brilla dans toutes les directions sur le versant de la colline. En peu de minutes, la dacherah fut entourée d'un serpent de feu qui allait rétrécissant son orbe et gagnait le sommet du mont avec une effrayante vitesse. Déjà toute voie de salut était fermée à Ahmed et à ses compagnons qui, plongés dans les délices du festin, ne soupçonnaient pas encore l'existence de l'incendie, lorsque enfin avertis du péril par les cris de quelques esclaves, ils quittèrent la table en désordre, et virent, du haut de la colline, des burnous blancs se détacher à la lueur rouge des flammes sur les teintes sombres de la nuit. Ahmed, d'un rapide coup d'œil, jugeant l'étendue du péril et se voyant perdu sans ressource, résolut de ne pas descendre au tombeau sans vengeance. Au sinistre jour projeté par le fléau dévastateur, il avait reconnu son ennemi mortel qui, aidé de ses serviteurs et mû d'une haine infernale, attisait lui-même la flamme, en adressant de loin au malheureux kaïd des signes de la plus insultante et de la plus cruelle ironie. D'un bond ce dernier s'élança vers l'incendiaire qui, le voyant tout près de lui et l'apostrophant avec un rire de démon, lui dit :

« Ah! voleur de chameau, assassin, maraudeur, Kaïd-Boursali te salue! Il a craint pour toi l'air des nuits glaciales de la montagne, et il est venu, comme tu vois, t'allumer lui-même du feu. »

Puis, faisant allusion à un usage arabe, il ajouta en ricanant :

— « Le scorpion est venimeux, mais il va périr dans les flammes (1). »

— « Soit! mais auparavant le scorpion te fera sentir sa piqûre! » s'écria Ahmed furieux.

En disant ces mots, il ajusta Boursali de son long fusil, fit feu et l'étendit raide mort.

Au même moment surgit une violente rafale; la flamme mugit, s'élança vers le sommet de la colline, rapide comme un cheval de course, tourbillonna et réduisit toute la dacherah en cendres. Il ne resta pas un vestige des gourbis qui la composaient, non plus que de ses habitants.

Les parents et les serviteurs de Kaïd-Boursali recueillirent son cadavre et le rapportèrent en grand deuil à son haouch, où il fut pleuré de ses femmes et de tous ses amis, comme un guerrier courageux et entreprenant. « Boursali n'ayant

---

(1) Quand un Arabe saisit un scorpion, il s'amuse quelquefois à l'entourer d'un cercle de charbons ardents, qu'il rétrécit jusqu'à ce que l'insecte soit grillé vif. La chronique populaire ajoute que le scorpion, après avoir parcouru le cercle en tous sens et cherché vainement une issue, prend le parti de se frapper lui-même de son dard, et meurt de son propre venin.

point laissé de fils, ajoute le chroniqueur arabe, et Kaïd-Ahmed ayant péri dans les flammes avec ses femmes, ses enfants et tous ses parents ou alliés, la querelle se trouva ainsi vidée, et l'affaire n'eut pas d'autres suites. »

C'est avec une douleur profonde que j'ai visité les trois cimetières destinés aux chrétiens dans la ville d'Alger. Des troupeaux de chèvres y paissent chaque jour; des animaux plus immondes y cherchent même leur nourriture. Cependant, je dois dire à la louange de l'administration, et surtout grâce aux pressantes démarches de monseigneur l'Évêque, que le cimetière, si heureusement situé au pied de la colline du Boudjariah, loin du bruit de la ville et à quelques pas de la mer, va recevoir les agrandissements, les clôtures, les bénédictions religieuses, et tout ce qui doit concourir à en faire un lieu sacré pour tous, un cimetière vraiment chrétien.

Cependant partout et toujours, chez les peuples civilisés ou barbares, on retrouve vive et puissante la religion des tombeaux, un pieux respect pour la cendre des morts.

Avant de quitter l'Algérie, avant de revoir les doux rivages de ma patrie, je veux esquisser rapidement la vie de l'homme qui lutte si héroïquement pour l'indépendance de son pays. On le reconnaît sans que je le nomme.

CHAPITRE VII

Vie d'Abd-el-Kader.

La famille d'Abd-el-Kader est très ancienne au pays des Hakem-Chéréga; sa généalogie, dit-on, remonte à plusieurs siècles et comprend des chefs illustres, des guerriers et des marabouts. Le père d'Abd-el-Kader est mort en 1833. Il se nommait Sidi-Mahi-Eddin. Il reçut le surnom de Hadji (*pèlerin*) après son premier voyage à la Mecque. Il eut quatre femmes, cinq fils et une fille. Zora, sa troisième épouse, la seule femme lettrée peut-être de toute l'Arabie, est mère du fameux Abd-el-Kader et de Kadidja sa sœur. Mahi-Eddin et Mustapha-ben-Moktar passent pour les deux plus grands marabouts (*saints*) des temps modernes.

Abd-el-Kader a hérité des titres de son père et de son aïeul; il a pris, en outre, le titre d'Émir-el-Moumenin (*princes des croyants*), et plus tard les chefs des tribus de l'ouest, réunis en conseil, lui ont conféré la dignité de sultan des Arabes.

Abd-el-Kader est né au douar de son père, non loin de la ville de Mascara. Selon les bruits vulgaires, sa naissance fut marquée par de nombreux prodiges. Les fleurs revêtirent de plus riches couleurs, répandirent de plus suaves parfums; les abeilles composèrent un plus doux miel; le soleil se montra moins ardent aux jours caniculaires, et le vent du désert se tut comme enchaîné par la main du Tout-Puissant. Une auréole de flamme azurée entoura sa tête pendant plusieurs minutes, et, semblable à une prophétesse des temps passés, sa mère s'écria :

— « C'est l'enfant que les devins ont annoncé; Hakem-Chéréga, voilà celui que vous attendiez. »

Depuis ce jour, il est de croyance générale que le fils de Zora est envoyé par le prophète pour soustraire les Arabes à une domination étrangère, pour réunir les tribus dispersées sur le sol de l'Algérie ou égarées dans le désert, et en faire plus tard une grande nation. C'est par les provinces de la tribu d'Oran que cette grande œuvre doit commencer.

Mahi-Eddin, homme ambitieux, accrédita, autant que possible, cette croyance parmi les tribus bédouines; il donnait de l'argent et des indulgences à ceux qui couraient le pays pour la propager. Décidé à secouer le joug des Turcs et cherchant à se faire déclarer chef kebir (grand) de toutes les tribus de l'ancienne Régence, il instruisit Abd-el-Kader de manière à ce que cette œuvre d'ambition pût être continuée, dans le cas où la mort viendrait à surprendre l'auteur de ce projet qui ne s'est que trop réalisé.

Dès son bas âge, Abd-el-Kader montra une intelligence très ouverte, et d'heureuses dispositions pour l'étude. Son père, et surtout son oncle Ahmet-Billiar, homme versé, autant que peut l'être un Bédouin, dans les sciences physiques et morales, lui enseigna la religion, les lettres, le calcul, un peu de géographie et d'astronomie. A ces études, on joignit la gymnastique, l'exercice du cheval et des armes.

A l'âge de douze ans, Abd-el-Kader savait déjà le Coran par cœur, et les commentaires qu'il en donnait paraissaient si profonds, que les marabouts venaient de loin pour l'écouter, et s'inclinaient devant lui. Vers la fin de sa douzième année, il fut envoyé à Oran, chez Sidi-Achmet-ben-Kodja, Maure fin et rusé, qui se chargea de son éducation politique. Le jeune homme passa dix-huit mois dans cette ville, fréquentant la société la plus distinguée parmi les Turcs et les Maures : son esprit posé et enclin à la méditation le portait à rechercher les hommes mûrs plutôt que les jeunes gens. Il revint chez son père, riche de ce que lui avait appris Achmet-ben-Kodja, et de ses propres observations.

Cependant les projets ambitieux de Mahi-Eddin avaient transpiré ; il devint suspect aux autorités turques, qui redoutaient avec raison son influence et la considération dont sa famille jouissait dans la contrée. Ses amis l'avertirent de se tenir sur ses gardes ; quelques paroles significatives échappées au bey Hassan, commandant de la ville d'Oran, firent juger que l'orage qui planait sur sa tête était sur le point d'éclater, et qu'il n'avait point d'autre moyen pour l'éviter que de quitter le pays. Alors Mahi-Eddin annonça publiquement qu'un vœu prononcé pendant une grande calamité l'obligeait à faire un pèlerinage à la Mecque.

Le pèlerinage terminé, les compagnons de Mahi-Eddin se disposèrent à traverser le désert pour revenir à Mascara, et le vieux marabout, accompagné de son fils et de son neveu Ben-Tamy, se dirigea sur Bagdad, afin d'y visiter le tombeau d'un de ses aïeux, connu dans cette contrée sous le nom de Muleï-Abd-el-Kader. Ce personnage, dont les chroniques arabes rapportent diversement l'histoire, est regardé comme le marabout le plus célèbre des temps anciens et modernes ; on fait remonter son origine jusqu'aux premiers siècles de l'hégire, et l'on croit que des liens de parenté l'unissaient à la famille du prophète.

Mahi-Eddin et Abd-el-Kader recueillirent avec soin toutes les fables débitées sur le célèbre Muleï, et surent, après deux ans d'absence, les exploiter parmi les tribus qui entourent le douar des Hakem. Mahi-Eddin proclama que Muleï-Abd-el-

Kader, le plus saint de ses aïeux, lui était apparu au pied de la montagne de Bagdad, un jour qu'il se trouvait agenouillé dans l'une des petites chapelles élevées à sa mémoire. « L'aube du matin naissait à peine, et j'avais, racontait-il, passé la nuit en prières, lorsque Muleï-Abd-el-Kader, rayonnant de lumière, se présenta tout à coup à mes yeux éblouis, et me dit d'une voix plus douce que celle des anges :

— « Mon fils, notre famille est sainte, et bientôt elle sera plus puissante que celle des rois d'Orient. Prends cette pomme cueillie dans les jardins d'Allah, tu la donneras au sultan du Gharb (ouest).

— » Bienheureux ami du prophète, lui répondis-je en me jetant la face contre terre, le Gharb ne connaît de sultan que celui qui commande à Stamboul, et nous sommes ses esclaves.

» Muleï continua :

— » Le temps n'est pas éloigné où ton fils El-Hadji-Abd-el-Kader sera nommé sultan par les peuples arabes; alors le règne des tyrans finira sur le Gharb, et ton pays deviendra grand par sa force, sa gloire et ses richesses.

— » Seigneur et saint, je m'incline devant ta divine parole; mais si les autorités turques apprennent un jour ce que tu viens de me prédire, c'en est fait de moi et de ma famille...

— » Mahi-Eddin, que cette nouvelle parole n'abatte point ton courage : tu mourras, toi !... Mais Abd-el-Kader, après avoir mangé la pomme, sera désormais invulnérable; car les hommes ne peuvent rien contre ceux qui exécutent les volontés du Dieu puissant. Retourne dans ton pays, et va porter les paroles que tu viens d'entendre ; je serai toujours avec toi.

» Muleï disparut à ces mots, me laissant la pomme entre les mains. Lorsque mon fils revint de la plaine où il était allé faire paître nos chameaux, je lui donnai la pomme, qu'il mangea. A peine le fruit divin avait-il touché ses lèvres, que ses traits s'illuminèrent d'un saint enthousiasme ; une aigrette de feu surmonta sa tête, et le son de sa voix me parut semblable à celui de Muleï. Alors, moi, le père, comprenant que c'était la volonté du Très-Haut, je m'inclinai devant mon fils Abd-el-Kader, lui demandant à être son serviteur. »

Les Arabes de l'Algérie, superstitieux et crédules, acceptèrent comme vérité la fable grossière que leur débitait le rusé Mahi-Eddin, et virent dans son fils l'homme qui devait les soustraire à la domination turque. Un chef influent, Sidi-el-Arrach, également marabout, contribua par son adhésion, à élever le jeune pèlerin de la Mecque à la dignité d'émir et à consolider sa puissance. On ne sait pas si El-Arrach fut gagné par la famille d'Abd-el-Kader, ou s'il agissait dans un intérêt général.

Pendant que les tribus s'entretenaient de l'apparition miraculeuse de Muleï-Abd-el-Kader, et que le nom du sultan futur de l'ouest était sur toutes les lèvres, Mahi-Eddin et son fils, retirés sous leurs tentes aux environs de Mascara, passaient leurs journées en prières et à méditer sur le livre saint (le Coran). Mais les Arabes, impatients de connaître celui que leur envoyait le prophète, arrivèrent en foule au douar de Mahi-Eddin, apportant comme offrandes des armes, de l'argent, des chevaux, du bétail, des étoffes, des grains, etc., chacun selon sa fortune et sa foi. Tous voulaient voir l'homme privilégié, tous s'inclinaient devant l'élu et demandaient à toucher le pan de son burnous. Ces visites devinrent, pendant deux ans, une espèce de pèlerinage que tout Bédouin se croyait obligé de faire. De ce moment datent les richesses qu'Abd-el-Kader accumula dans son douar, ainsi que son influence qu'il étendit sur toute la contrée.

Le bey d'Oran, effrayé plus que jamais de la tournure menaçante que prenaient les choses, se disposait à conjurer l'orage, mais il était trop tard; la prise d'Alger par les Français venait de porter un coup mortel à l'empire des deys. Le vieux marabout se mit à prêcher la guerre sainte, des nuées de Bédouins accoururent à sa voix, et Abd-el-Kader se mit à leur tête. Sur ces entrefaites, les Turcs d'Oran se révoltèrent contre Hassan, leur bey, et celui-ci, menacé dans sa vie et dans ses richesses, fut réduit à demander asile aux Arabes, il s'adressa de préférence à Mahi-Eddin, en lui promettant une partie de ses trésors. Le marabout était sur le point de le lui accorder, lorsque Abd-el-Kader s'y opposa d'une manière énergique et pleine de dignité.

— « Mon père, dit-il au milieu du conseil qui s'était réuni à ce sujet, vous ne pouvez recevoir au douar des Hakem le bey Hassan. Jusqu'ici, l'asile que nous avons donné aux proscrits a été respecté. Il n'en serait pas de même pour la personne du bey Hassan qui s'est rendu odieux aux Arabes par ses exactions et par le mal qu'il leur a fait. Le désir de la vengeance attrouperait autour de nos tentes ses nombreux ennemis ; des milliers de voix vous demanderaient sa tête, et si vous ne les écoutiez point, l'asile serait violé, notre autorité méconnue et le sang coulerait ! Père, si la victoire excuse ceux qui violent un asile, l'opprobre s'attache à ceux qui ne sont point morts pour s'opposer à cette violation, et la honte les poursuit jusque dans leur postérité. »

Ces paroles produisirent une profonde sensation dans l'assemblée, et l'avis d'Abd-el-Kader prévalut. Quelques jours après, le bey Hassan se rendit aux Français. Une forte garnison occupa tous les postes militaires de la ville d'Oran et de son littoral ; une artillerie imposante tint en respect les milices révoltées, et le drapeau tricolore planté sur les tours du fort Santa-Crux annonça que le règne des Turcs avait fini pour jamais sur cette ville.

La puissance de Hassan venait à peine d'être renversée, que la division se mit parmi les Arabes de la province d'Oran. Les tribus guerrières et insoumises voulurent se ruer sur les tribus qui avaient subi le joug du pouvoir déchu ; plusieurs milliers de Bédouins féroces parcoururent la plaine, incendiant et saccageant tout ce qui avait appartenu aux Turcs et à leurs alliés ; quelques tribus pacifiques demandèrent protection aux Français et se réfugièrent sous les canons des forts d'Oran et de Mers-el-Kébir.

Pendant ce temps Mahi-Eddin et Abd-el-Kader ne cessaient de prêcher la guerre sainte contre les infidèles. La plupart des Arabes du territoire de Mascara et des bords du Chélif, se rangèrent sous la banière d'Abd-el-Kader, et marchèrent avec lui sur Oran. Toutes les tribus qu'ils rencontrèrent sur leur passage se joignirent à eux, et dans les premiers jours de mai 1832, la ville d'Oran se vit cernée par des hordes innombrables de Bédouins. Du 5 au 9 du même mois, la place fut attaquée avec une vigueur peu commune. Malgré le feu de notre artillerie, les cavaliers arabes arrivaient au galop jusqu'au pied des murailles : leurs fantassins s'accrochaient aux créneaux, saisissaient, avec une audace inouïe, le bout des fusils de nos soldats, et lorsque la mitraille les avait balayés, d'autres leur succédaient, poussés par cette aveugle témérité qu'inspire le fanatisme, et retombaient massacrés sur les cadavres de leurs frères. Il fallut tout le courage et le sang-froid de nos braves soldats, pour repousser ces attaques incessantes, ces efforts désespérés, et empêcher les hordes bédouines de pénétrer dans la ville. Abd-el-Kader eut deux chevaux tués sous lui, sans être blessé ; son burnous, rouge du sang des siens et tout criblé, a été depuis conservé comme une relique ; il profita de cette circonstance pour accréditer la croyance qu'il est invulnérable.

Le 9 mai, les chefs arabes effrayés de leurs pertes, et voyant l'inutililité de leurs attaques, abandonnèrent le siège et se retirèrent en désordre.

Dans la suite, les Arabes revinrent plusieurs fois à la charge : leurs masses aussi considérables qu'à la première attaque, couvrirent la plaine d'Oran, mais les assauts furent moins fougueux, et les attaques plus rares : ces élans fanatiques, cette intrépidité sauvage qui les animait naguère, s'éteignaient peu à peu : ils commençaient à reconnaître la supériorité de nos armes. Dans tous les combats qu'ils livrèrent, ils eurent le dessous : bientôt des dissensions surgirent au milieu de leurs troupes ; les chefs s'imputaient la cause du désastre ; l'anarchie souffla sur ces hordes indisciplinées, et plusieurs tribus se firent une guerre acharnée.

A cette même époque, Ibrahim, bey de Mostaganem, prévoyant qu'il deviendrait tôt ou tard la proie du vainqueur, demanda l'alliance française, et ouvrit les portes de son beylik à nos troupes qui s'y installèrent ; il mit en outre, à la disposition du commandant français, sa milice composée de sept à huit cents Turcs ou Koulouglis, tous hommes éprouvés, et qui haïssaient cordialement les Bédouins. Ibrahim conserva son titre de bey ; le gouverneur le traita avec honneur, et la France lui donna le grade et la solde de maréchal-de-camp.

Abd-el-Kader voyait avec une vive inquiétude la conquête française s'étendre sur le littoral de la province d'Oran. Déjà plusieurs colonnes expéditionnaires, lancées à propos dans la plaine avaient surpris et brûlé quelques tribus. D'autres colonnes, allant à la découverte, s'étaient montrées sur le territoire de Mascara ; le découragement commençait à pénétrer dans les douars et la crainte à se glisser dans les cœurs. Alors les principales tribus de la province reconnurent la nécessité de s'unir entre elles, afin de pouvoir résister aux armes françaises. En conséquence, les chefs des Hakem, des Garabas, des Beni-Amers, des Borgiah, etc., se donnèrent rendez-vous dans la plaine d'Eghris ; un grand conseil fut tenu au lieu nommé Ersebia. Presque tous furent d'accord pour proclamer chef suprême Mahi-Eddin ou son fils Abdel-Kader ; mais l'un et l'autre s'y refusèrent, disant que Sidi-el-Arrach était beaucoup plus digne qu'eux, et par sa noblesse et par sa sainteté, d'un si grand honneur. Ce jour-là, rien ne fut décidé ; l'assemblée se retira pour se réunir de nouveau le lendemain, après que la nuit aurait donné aux uns et aux autres le temps de réfléchir.

En effet, le lendemain, le conseil s'était à peine réuni, qu'on vit arriver Sidi-el-Arrach suivi de plusieurs chefs et marabouts ; il paraissait ému et ses traits portaient l'empreinte d'une résolution profonde. Toute l'assemblée le salua avec respect et garda le silence pour le laisser parler. Le vieux chef leva les deux mains vers le ciel, en s'écriant :

— « Frères et amis, dans un moment aussi critique pour nos biens et le sort de nos familles, je dois laisser de côté l'orgueil d'obtenir le commandement suprême et dire la vérité : cette nuit, comme je m'étais endormi, en cherchant quel était parmi nous l'homme le plus digne de fixer votre choix, Muleï-Abd-el-Kader m'est apparu au milieu de sa gloire, et ces mots ont frappé mes oreilles : « Sidi-Hadji-el-Arrach, retiens bien ces paroles, car de leur accomplissement dépend le bonheur des Arabes. Je ne connais qu'un seul homme qui, par son intelligence, sa sainteté et ses vertus guerrières, soit digne de commander à tous; cet homme, c'est Abd-el-Kader, troisième fils de Mahi-Eddin. Je t'ordonne de répéter demain en plein conseil, ce que tu viens d'entendre; le prophète s'intéresse à la cause de ses enfants et désire qu'elle triomphe. »

Le vieux marabout d'Eghris avait à peine achevé de parler, que Mahi-Eddin s'avança au milieu de l'assemblée, leva comme son collègue les mains vers le ciel, et d'une voix pleine de conviction, s'exprima ainsi :

— « Frères, si une fausse honte avait dû repousser de mon sein la vision miraculeuse que j'ai eue cette nuit, l'exemple que vient de me donner Sidi-el-Arrach, le plus saint des marabouts vivants, aurait fait taire mes scrupules: je dois dire dans l'intérêt commun toute la vérité : écoutez ! A la troisième veille de la nuit, lorsque j'étais en prière, j'ai entendu les mêmes paroles que le vénérable Sidi-el-Arrach et j'ai reçu les mêmes ordres, mais je dois mourir dans l'année qui suivra l'élection de mon fils ; telle est la prophétie de Muleï-Abd-el-Kader, mon aïeul. Que la volonté de Dieu soit faite, car je suis son très humble serviteur ! »

Devant cette double vision de deux vieillards vénérés de tous le pays, les chefs des tribus déférèrent, d'un commun accord, le titre de sultan au troisième fils de Mahi-Eddin. Le même jour un burnous violet fut porté à Sidi-Hadji-Abd-el-Kader ; tous les chefs s'inclinèrent à ses pieds, et aux acclamations d'une foule immense, il fut proclamé prince des vrais croyants, soutien de la religion, et chef suprême des Arabes. Ainsi, selon la chronique, s'accomplit la prophétie de Muleï-Abd-el-Kader.

Quelque temps après l'élection d'Abd-el-Kader, l'affaire de la Macta (28 juin 1835), où le général Trézel éprouva un échec, vint relever l'audace et l'influence du nouveau sultan. Sûr désormais de la fidélité et du dévouement des populations arabes de l'ouest de l'Algérie, l'émir commença le système d'organisation qu'il mûrissait depuis si longtemps. Il créa ses bataillons réguliers et ses cavaliers rouges, qui, plus d'une fois, prouvèrent à nos soldats que s'ils leur étaient inférieurs dans l'art de la guerre, ils les égalaient en courage.

Alors Abd-el-Kader frappa des taxes sur les marchandises, leva des impôts sur les villes et les villages, établit pour les troupes un tarif de solde mensuelle et de récompense pour les actions d'éclat. Dans plusieurs villes, il fit bâtir des magasins de vivres, d'armes et de munitions de guerre. Loin d'être barbare et d'exterminer les prisonniers français, ainsi qu'on a pu l'en accuser, il donna constamment les ordres les plus sévères pour les préserver de tout mauvais traitement. « Allah, dit-il, ne permet de verser le sang des ennemis que sur le champ de bataille, et jamais celui des vaincus faibles et désarmés. »

Dans le but de hâter l'organisation de ses troupes, l'émir donna les ordres à ses kalifas de lui amener les prisonniers de guerre intelligents. Il accueillit fort bien ceux qui furent conduits à son quartier-général, et s'en servit pour enseigner la manœuvre à ses nouveaux bataillons. Le besoin d'instructeurs lui fit souvent envoyer des émissaires dans le camp français pour embaucher les mécontents, les attirer à lui, et se les attacher par de magnifiques promesses. Les ouvriers en tous genres, surtout les forgerons, les fondeurs, les poudriers, etc., étaient l'objet de sa prédilection. L'émir avait visité les arsenaux et les manufactures d'Alexandrie; il pensait que les Bédouins n'étaient pas tellement inférieurs aux Égyptiens, qu'ils ne pussent apprendre les arts et les métiers de première nécessité.

A la prise de Milianah, en juillet 1840, les Français furent témoins de la rapide impulsion qu'Abd-el-Kader avait donnée à différentes branches de l'industrie. On trouva des ateliers d'armuriers, une fonderie de canons, une poudrière, de hauts fourneaux, etc. Ces établissements que devaient diriger des Européens, commençaient à peine à s'organiser; le premier canon était encore à fondre, lorsque la France chassa l'émir de sa ville manufacturière, et planta son drapeau sur la grande mosquée.

Vaincu, mais non découragé, traqué de tous côtés, mais sachant toujours échapper à ses ennemis, le redoutable chef des Arabes, dans l'impossibilité de vaincre nos troupes en rase campagne, avait, depuis quelque temps, borné sa tactique à les harceler, à les fatiguer. Chassé successivement de Médéah, de Milianah, de Hamsa, de Tékedempt, il laissa dans toutes ces villes des traces nombreuses de ses constants efforts pour amener les Arabes à se fabriquer eux-mêmes leurs armes, leurs munitions de guerre, afin de n'en point manquer lorsque le Maroc et les marchands anglais lui feraient défaut.

Mais le système stratégique suivi par le maréchal Vallée, qui consistait à envahir, par zones, le territoire, et à refouler les populations arabes hors de ces zones gardées par une série de postes militaires; ce système marchant avec les razzias nombreuses, avec la dévastation et l'incendie des gourbis, des silos et des moissons, ne laissa plus de relâche aux tribus de l'Algérie; la famine devait bientôt les mettre sur les dents et amener leur soumission.

Débusqué de tous les points qu'il occupait, poursuivi l'épée dans les reins, l'émir se vit obligé d'abandonner le théâtre de la guerre, laissant au chef Ben-Salem le soin de *guerriller* dans le Sahel et la plaine. Il se retira dans les tribus qui lui étaient restées fidèles. Comme les moyens pécuniaires commençaient à lui manquer, il leva, soutenu par les bataillons réguliers, des contributions forcées sur les tribus pacifiques, et souvent les força de marcher avec lui. De ce moment, Abd-el-Kader ne s'engagea plus dans aucune affaire sérieuse; mais, de temps à autre, il attaquait les convois, interceptait les communications, et lorsqu'on le croyait bien loin, ses cavaliers arrivaient tout à coup, tombaient sur nos faibles détachements, les dispersaient, les massacraient. Pendant une année que dura cette guerre d'escarmouches, si fatale à notre colonie par le peu de sécurité qu'offraient les communications, l'émir organisait ses forces, recrutait au loin des troupes, réparait ses pertes et rétablissait ses moyens épuisés, pour reparaître de nouveau sur le terrain qu'il avait un instant abandonné.

On doit mettre au nombre des plus grands et des plus sensibles échecs essuyés par Abd-el-Kader, la prise de sa smala, le 16 mai 1843.

Vers onze heures du matin, six cents chasseurs, gendarmes et spahis, sous les ordres du duc d'Aumale, arrivaient à Ras-el-Ain-Ma-Taguin, dans le petit désert, à quatre-vingts lieues d'Alger.

Depuis six jours, cette cavalerie marchait presque constamment. Depuis vingt heures elle avait fait vingt-cinq lieues, sans trouver une goutte d'eau, au milieu de tourbillons de sable, sous l'action dévorante du simoun. Hommes et chevaux mouraient de soif et de fatigue.

Tout à coup, Ahmar-Ben-Ferrath, aga des Ouled-Aïad, qui marchait en avant avec quelques éclaireurs, revint au galop vers le prince; il avait aperçu la smala d'Abd-el-Kader, dont la colonne suivait les traces. Elle était campée toute entière sur la source même du Taguin qui ne devait pas être le moindre prix de la victoire.

Ahmar et ses cavaliers, effrayés de notre petit nombre et de la grande masse de nos ennemis, se jettent alors aux genoux du duc d'Aumale et le supplient d'attendre son infanterie, lui représentant que malgré leur énergie les zouaves ne pourraient pas arriver avant deux heures. « *Jamais*, s'écria le prince, *jamais personne de ma race n'a reculé.* » Et immédiatement il prit des dispositions pour l'attaque. Une demi-heure de retard aurait suffi pour que les troupeaux et les femmes fussent hors de portée, et pour que les nombreux combattants de cette ville de tentes eussent le temps de se rallier et de s'entendre.

La smala d'Abd-el-Kader n'était pas seulement la réunion de quelques serviteurs fidèles autour de la famille et des trésors d'un chef. C'était une capitale ambulante, un centre d'où partaient tous les ordres, où se traitaient toutes les affaires importantes, où toutes les grandes familles trouvaient un refuge, sans pouvoir échapper ensuite à l'inquiète surveillance qui les y retenait. Et autour de ces grandes familles se groupaient des populations immenses qui les entouraient comme d'un rempart vivant, des tribus du désert qui les guidaient et les protégeaient au milieu de ces vastes plaines. Incapables d'agir seuls, ces éléments hétérogènes obéissant à une seule impulsion présentaient, dans leur ensemble, une masse compacte et imposante à tous les yeux. Une fois incorporées à cette immense émigration, les tribus ne pouvaient guère la quitter, et continuaient elles-mêmes, pour ainsi dire, la force qui les maintenait dans l'obéissance. La solution de ce problème n'était pas une des moindres œuvres du génie de notre infatigable ennemi

La smala renfermait :

Trois cent soixante-huit douars de quinze à vingt tentes chacun ;

Une population d'environ vingt mille âmes ;

Et cinq mille combattants armés de fusils, dont cinq cents fantassins réguliers et deux mille cavaliers.

Abd-el-Kader n'y était pas : avec sa cavalerie régulière, il observait la division de Mascara, qui, sous les ordres du général de Lamoricière, opérait dans le petit désert. Ses principaux lieutenants organisaient la résistance que les Kabyles de l'Ouaransenis et du Dahara opposaient à nos colonnes : mais leurs familles étaient restées près de celle de l'émir; les richesses, les affections de tous les grands ennemis de notre domination étaient dans la smala. Celle-ci était arrivée, le 15 au soir, à

Taguin ; ses chefs la croyaient en sûreté et ne se doutaient pas de la marche secrète et rapide de la colonne de Médéah. Le 16, au matin, la tente d'Abd-el-Kader s'était dressée, et cet exemple avait été suivi par toutes les autres. C'est au moment où cette opération s'achevait, au moment où les hommes menaient les troupeaux pâturer dans le marais, où les femmes préparaient leurs aliments, qu'un cri terrible retentit dans tout le camp : « El Roumi ! el Roumi ! » *Le chrétien ! le chrétien !*

La cavalerie, commandée par le duc d'Aumale, venait d'apparaître et se déployait sur un petit mamelon pierreux qui domine la source du Taguin.

Trois petits escadrons de spahis, aux ordres du colonel Jusuf, s'élancent les premiers et atteignent bientôt le douar d'Abd-el-Kader. En vain les soldats réguliers s'élancent hors de leurs tentes, et par leur feu nourri essaient de repousser nos spahis. Ceux-ci entraînés par leurs chefs les chargent, les dispersent. Le combat a bientôt cessé sur ce point. Un canon, deux affûts, quatre drapeaux, la khasna *(trésor)* d'Abd-el-Kader, ses parents, ses effets, ses serviteurs intimes sont en notre pouvoir. Mais les officiers et sous-officiers français, continuant au loin la poursuite, donnent à leurs soldats indigènes un nouvel et brillant exemple de notre valeur nationale.

Le duc d'Aumale était resté avec les chasseurs dont il avait d'abord voulu composer la réserve. Mais lorsque, descendant au grand trot le rideau qui masquait l'ennemi, il découvrit l'immensité de cette ville de tentes, lorsqu'il vit cette fourmilière d'hommes qui couraient aux armes, alors il comprit qu'il fallait engager tout le monde, et que l'audace seule pouvait décider du succès.

Les chasseurs obliquent à droite, dépassent les spahis et pénètrent dans le camp sous une vive fusillade. Avec le sang-froid du vrai courage, ils conservent, dans l'émotion du combat, cet ordre, cet ensemble qui double la force. Leurs rangs, qui s'ouvrent pour laisser passer des vieillards craintifs et des femmes éplorées, se resserrent pour renverser tout ce qui essaie de combattre. Mais la résistance s'organise. La brillante cavalerie des Hakem, tous parents de l'émir, veut arracher aux chrétiens les familles et les richesses des plus fermes défenseurs de l'islam *(la foi)*.

Tandis que de rapides dromadaires entrainent les femmes, que l'on enlève des tentes tout ce qu'elles contiennent de plus précieux, les hommes de guerre saisissent leurs fusils, se jettent sur leurs chevaux, se rallient, s'élancent au combat.

Le prince détache sur la gauche le sous-lieutenant Delage dont le peloton se déploie en tirailleurs et attaque franchement l'ennemi. Mais le cheval de ce brave officier est tué; plusieurs de ses chasseurs tombent frappés de mort : ils vont être entourés, lorsque le sous-lieutenant de Canclaux, envoyé à leur aide, les dégage par une charge brillante.

A droite, le capitaine d'Espinay culbute, avec

son escadron, tout de qu'il a devant lui, et va arrêter au loin la tête des fuyards.

Enfin, au centre, le lieutenant-colonel Morris se jette avec trois pelotons sur le gros de l'ennemi communique à ceux qui le suivent son irrésistible élan, et, par son intelligente audace, assure le succès de la journée.

Une heure et demie après le commencement de s'affaire, le prince ralliait nos escadrons victorieux. Déjà autour de lui se groupaient des populations considérables qui, pendant l'action même, avaient imploré la clémence française. On épargnait ceux qui demandaient grâce ou ne combattaient pas.

Le soir, l'infanterie commandée par les lieutenants-colonels Chasseloup et Chadeysson, arriva après une marche admirable (trente lieues en trente-six heures), fatiguée, mais en bon ordre, et n'ayant d'autre regret que celui de n'avoir pu prendre part à l'action.

La colonne rentra à Médéah, le 25 mai, sans avoir brûlé une seule amorce depuis le combat de Taguin, ramenant un butin immense, vingt mille têtes de bétail et quatre à cinq mille prisonniers des deux sexes, parmi lesquels on remarquait plusieurs parents d'Abd-el-Kader, la famille entière de son premier kalifat, Ben-Aallal, celle de son premier secrétaire Kharoubi, Sid-el-Aradj, marabout très vénéré des Hakem et des tribus environnantes.

La prise de la smala fut fatale à la puissance d'Abd-el-Kader, et nous consola du désastreux traité de la Tafna qui grandit Abd-el-Kader, après une entrevue où le général Bugeaud ne joua pas un rôle dont pût se glorifier la France (1ᵉʳ juin 1837).

Tous ceux qui ont vu ou connu Abd-el-Kader, s'accordent à dire qu'il est par son intelligence bien au-dessus des autres chefs de tribus. C'est un homme extraordinaire qui a su rallier à la cause nationale les Bédouins pillards et indisciplinés. C'est une de ces âmes fortement trempées, dont la mission est de faire triompher une idée, ou de mourir en protestant. Habile à trouver des ressources lorsqu'on le croit perdu, il l'est également à étouffer les révoltes, et à maintenir les tribus dans l'obéissance. Sur sa physionomie sont empreints la méditation et le sentiment religieux. Son front élevé, ses yeux qu'il tient ordinairement baissés, sont doux, tranquilles; mais ils se meuvent avec rapidité et lancent des éclairs, lorsqu'une émotion subite s'est glissée dans son cœur. Son sourire a quelque chose de mélancolique, de triste. Sa barbe est noire, épaisse, et descend jusqu'à mi-poitrine. Le timbre de sa voix est grave, il a l'élocution facile, la parole brève, éloquente. Il tient toujours un chapelet dans sa main, comme tous les pieux musulmans. Sa taille est petite, mais bien prise, son dos un peu voûté, sa démarche lente, mais assurée. Son costume est le même que celui des chefs arabes, à l'exception de la couleur du burnous qui est violet. On lui voit une petite marque de tatouage à la racine du nez, signe annonçant qu'il tire son origine des Hakem, tribu riche et puissante, chez laquelle il est d'usage de marquer ainsi les enfants.

Abd-el-Kader, marié très jeune à Lella-Keïra, fille de son oncle paternel, Sidi-Ali-Ben-Thalib, eut d'abord deux filles, ensuite deux garçons.

Lella-Keïra se fait remarquer par la régularité de ses traits et par la bonté de son âme. De même que son époux domine les Arabes, elle est également au-dessus des personnes de son sexe. La douceur de son regard, l'aménité de son sourire, sa coiffure et son ample vêtement lui donnent quelque ressemblance avec ces femmes de patriarches, dont Vernet nous a rappelé le costume et le maintien. On la dit très affable et d'un cœur toujours ouvert à la pitié. Contrairement aux femmes bédouines qui n'obtiennent presque jamais les égards dûs à leur sexe, la sœur et la femme d'Abd-el-Kader jouissent d'une grande vénération. On dit que les captifs et même les condamnés qui ont le bonheur de toucher leurs vêtements deviennent aussitôt inviolables : personne n'ose plus porter la main sur eux. L'immense prérogative accordée à ces deux femmes seulement aurait été utile à beaucoup d'infortunés. Bien des prisonniers français ont dû à Keïra et à Kadidja, sa belle-sœur, un soulagement à leur captivité ; plusieurs mêmes leur sont redevables de la vie.

L'aîné des fils d'Abd-el-Kader est destiné à la carrière des armes et à lui succéder. Le jeune reçoit une instruction tout à fait religieuse, et perpétuera dans la famille le titre de marabout.

Abd-el-Kader a eu quatre frères et une sœur. Son cinquième frère, Sidi-Ali, reçut la mort à ses côtés en combattant devant les remparts d'Oran. Mohamet-Saïd, l'aîné de la famille, porte le titre de marabout et remplace son père Mahi-Eddin au douar; étranger aux affaires politiques, ses occupations se bornent à compléter l'éducation religieuse de ses deux plus jeunes frères, Sidi-el-Moktard, Sidi-el-Hassin. Il passe chez les Arabes pour un marabout très instruit. Le second frère de l'émir, Sidi-Mustapha, son aîné, plus entreprenant que les autres, a suivi la carrière des armes. En 1836, il essaya vainement de se faire proclamer cheik de la tribu du désert; sa tentative échoua, et l'émir irrité le frappa de disgrâce. Cependant, à ses sollicitations pressantes, au vif repentir qu'il manifesta de sa faute, Abd-el-Kader le nomma bey de Médéah, place qu'il ne put conserver longtemps à cause de son peu de capacité. Au commencement de 1840, Sidi-Mustapha commanda en chef les hordes que son frère envoya dans la province de Constantine pour inquiéter les troupes françaises disséminées sur une grande étendue de terrain; il ne s'acquitta que très médiocrement de cette mission, et fut continuellement battu. Le quatrième frère, Sidi-Mérad, fils de la négresse Nella-Embarka, quatrième femme de

Mahi-Eddin, commanda la garde de l'émir, composée en partie de nègres fanatiques et dévoués.

Lella-Kadidja, sœur d'Abd-el-Kader, plus âgée que lui d'un an, fut mariée par son père à Sidi-Mustapha-Ben-Tamy, homme riche et influent, autrefois considéré du bey Hassan. Quelques mois après le traité de la Tafna, l'émir le nomma son kalifat. Ben-Tamy est resté fidèle et s'est entièrement attaché à la fortune de son beau-frère.

On croyait Abd-el-Kader réduit aux abois; mais le drame lugubre de Djemmâ-Ghazaouat est venu répandre un nouveau deuil en Algérie et dans toute la France. Le sultan du désert a reparu sur le théâtre qu'il a ensanglanté tant de fois. La vengeance cette fois sera aussi prompte que terrible. C'est avec un douloureux intérêt qu'on lira ces détails dans le chapitre suivant.

CHAPITRE VIII

Massacre de Djemmâ-Ghazaouat.

C'est le cœur profondément ému, et d'une main tremblante que je trace ces lignes : une sueur de sang couvre tout mon corps.

Dimanche, 21 septembre 1845, M. le lieutenant-colonel de Montagnac sortit de Ghazaouat, dans le but d'empêcher la jonction d'Abd-el-Kader avec Ben-Ab-Den-Kossels, réfugié chez les Traras, et de protéger les Souhalias.

Il était, le 22 au matin, à Ganis, d'où il écrivit à M. le capitaine Coffyn, relativement à des guides, lui annonçant qu'il se porterait sur l'Oued-Taouli.

Dans cette même journée, à neuf heures du matin, le capitaine adjudant-major Jonquières, du

10e d'Orléans, avec cent chevaux du 4e chasseurs et à peu près autant d'hommes d'infanterie éclopés, vint avec des transports à Ghazaouat chercher des vivres, et demanda, de la part du lieutenant-colonel de Barral, commandant la colonne mobile de Maghrnia, et ce par ordre du général Cavaignac, trois cents hommes du 8e d'Orléans, et les hommes valides des 15e léger et 10e d'Orléans. Le colonel de Barral avait besoin de ce renfort, pour appuyer, en se portant sur Aïn-Kebira, les mouvements du général Cavaignac, en opération chez les Traras. La lettre du général, qui ordonnait ces dispositions, avait été trente-six heures à parvenir à M. de Barral.

M. Coffyn, dans l'impossibilité d'obtempérer à ces demandes, remit le capitaine de Jonquières en route, avec les approvisionnements réclamés, l'escadron du 4e hussards, trente-cinq hommes des 15e léger et 10e d'Orléans, et quelques soldats isolés qui devaient rejoindre à Lalla-Maghrnia.

La lettre du colonel de Barral, communiquée immédiatement par un exprès à M. de Montagnac, provoqua de sa part une réponse qu'il lui adressa par l'intermédiaire de M. Coffyn, en même temps que cet officier recevait la lettre suivante :

« *Le 22 septembre, cinq heures et demie du soir.*

» Mon cher capitaine, envoyez tout ce que le colonel de Barral vous demande.

» Je ne puis donner les hommes du bataillon de M. Froment-Coste.

» Nous sommes entourés de goums considérables, composés de gens du Maroc. Nous avons eu quelques coups de fusil avec eux.

» Abd-el-Kader arrive ce soir à Sidi-Bou-Djenara.

» Je ne puis rejoindre Djemmâ-Ghazaouat sans exposer les Souhalias à une déroute complète.

» Je vais me tenir sur la ligne où je suis établi.

» Envoyez-moi demain des vivres de toute nature pour deux jours, par les Souhalias au bivouac sur l'Oued-Taouli.

» Faites toujours de même; tenez-moi au courant de tout.

» Il faut huit mulets pour les vivres.

» Tout à vous,

» L. DE MONTAGNAC. »

La lettre destinée au colonel de Barral fut expédiée sur-le-champ; mais elle ne lui est pas sans doute parvenue.

Le 23, le capitaine Coffyn reçut, à sept heures, un billet très pressé du colonel de Barral, daté sous Nédroma, cinq heures et demie du matin, et qui demandait instamment des nouvelles du colonel de Montagnac.

Vers huit heures, on entendit distinctement de Djemmâ-Ghazaouat une fusillade très vive dans la direction de Sidi-Brahim, qui dura à peu près trois heures, et cessa complètement. Le capitaine Coffyn fit rentrer le troupeau, prendre les armes, laissa le commandement au capitaine Bidou, et, à neuf heures, il se mit en marche dans la direction du feu, emmenant avec lui cent trente hommes et seize hussards commandés par le sous-lieutenant Roux, qu'il poussa en avant.

A la hauteur de Gamès cette avant-garde aperçut de nombreux cavaliers, les reconnut bientôt, fut chargée, et dut se replier sur l'infanterie. Les crêtes voisines se couvrirent de Kabyles. M. Coffyn regagna la place, qu'il importait avant tout de garantir. Il y arriva à trois heures seulement, après avoir eu à tirailler avec les villages insurgés qui jalonnaient sa route. A peine rentré dans la place on s'empressa d'y organiser tous les moyens de défense. Mais la plus cruelle incertitude planait sur le sort de la troupe du colonel de Montagnac, au milieu des récits divers des gens du pays, avec lesquels on était encore en communication.

Le 24, une balancelle mit à la voile, à midi, pour porter à Oran ces premières nouvelles. Le soir, à 10 heures, on vit arriver un hussard du 2*, démonté, accablé de fatigue et de besoin, qui avait dû se traîner sur les genoux pour atteindre Ghazaouat, mais dont l'esprit était profondément frappé. Il raconta qu'échappé au grand désastre de la veille, il avait vu périr toute la colonne.

Le 26, à quatre heures du matin, un carabinier du 8* d'Orléans, nommé Rapin, vint confirmer la nouvelle apportée par le hussard. Il raconta le désastre de la colonne, dont une partie avait pu se retrancher dans un marabout; mais la fusillade ayant cessé, il ne doutait point que tous ceux qui s'y étaient retirés, n'eussent succombé. Rapin, qui avait pu se cacher dans le feuillage d'un figuier, a mis trois nuits pour regagner Ghazaouat.

Il paraissait qu'il n'y avait plus à douter de l'étendue de notre perte, lorsque le même jour (26), à six heures du matin, une assez vive fusillade se fit entendre à une lieue de la place. On crut d'abord que c'était la colonne de Tlemcen ou de Maghrnia. On se préparait à prendre les armes, quand, à la hauteur du village de Ouled-Zer, on vit déboucher quelques hommes sans armes, cherchant à regagner le poste. On courut au-devant d'eux; un coup de canon fut tiré pour les protéger. Le capitaine Corcy, du 4e chasseurs, qui commandait cette sortie, put sauver douze hommes et ramasser huit cadavres. Un combat s'engagea pour enlever encore quelques morts ou blessés. Un sapeur fut tué dans cette opération hasardeuse.

D'après les récits contradictoires de ceux qui ont pu survivre à cette affreuse catastrophe, il paraît que le 22 septembre, vers deux heures du matin, le colonel de Montagnac quitta son bivouac d'Oued-Taouli dans la direction de l'est : il avait reçu de perfides renseignements. Après avoir établi son camp, au point du jour, sur le ruisseau de Sidi-Brahim, il y fit préparer le café. A sept heures du matin, le colonel, laissant la garde des bagages au commandant Froment-Coste, avec la compagnie des carabiniers, et la 3e compagnie du 8e d'Orléans, se porta en avant avec les 2e et 7e compagnies du même bataillon, fortes entre elles de cent quatre-vingt-cinq hommes, et l'escadron de M. de Saint-Alphonse qui comptait soixante chevaux. A trois quarts de lieue du camp, des cavaliers arabes assez nombreux paraissant sur un plateau, les deux premiers pelotons de l'escadron chargèrent avec le commandant Cognard en tête. Immédiatement ils furent écrasés sur leur gauche par une masse de cavalerie qui se démasqua.

Le colonel de Montagnac se lança aussitôt avec les deux pelotons de réserve qui éprouvèrent le même sort. Vingt cavaliers, débris de ces escadrons, vinrent se rallier autour de l'infanterie. Le colonel mortellement blessé, fit former le carré, envoya le maréchal-des-logis Barbu ordonner au commandant Froment-Coste de l'appuyer, et expira quelques secondes après.

Pendant près d'une heure le carré lutta contre les charges ardentes et répétées de toute la cavalerie qu'Abd-el-Kader conduisait lui-même, et qui s'élevait à trois mille chevaux au moins. Les cartouches s'épuisèrent, et enfin, suivant l'expression d'un carabinier, les Arabes, resserrant le cercle autour de ce groupe immobile et devenu silencieux, le font tomber sous leur feu comme un vieux mur

Le commandant Froment-Coste approchait en toute hâte avec la 2ᵉ compagnie et une section de carabiniers. Devenu l'objet des efforts de l'ennemi, il succomba sous le nombre avec sa troupe.

Il ne restait plus que le capitaine de Géraud

avec quatre-vingts hommes et les petits bagages de la colonne. Cet officier fit former le carré, et réussit, au milieu du feu, à atteindre un marabout, celui de Sidi-Brahim, où il se barricada ; de petites ouvertures lui offrirent des créneaux ; là, pendant quatre heures, il soutint trois attaques, ne répondant aux assaillants qu'à bout portant. Abd-el-Kader lui écrivit chaque fois pour l'engager à se rendre, lui représentant qu'il ne pouvait échapper ni à ses cavaliers, ni aux six mille Kabyles qui le cernaient. Capitaine et soldats répondirent qu'ils ne se rendraient pas. On arbora sur le marabout un drapeau tricolore formé avec des lambeaux. Le soir, Abd-el-Kader renonçant à les forcer, établit un cordon de gardes nombreux autour de nos intrépides soldats, et continua sa marche dans l'est.

Depuis le mardi jusqu'au vendredi 26, à six heures du matin, le capitaine de Géraud, entouré et attaqué resta dans cette position sans vivres, sans eau. Enfin soixante-treize hommes emportant sept blessés se firent jour à la baïonnette avec une telle énergie, que, pendant une heure, on n'osa poursuivre le carré ambulant. Plus tard, munis de balles qu'ils avaient fendues en quatre, ils repoussèrent encore les cavaliers et les Kabyles, et arrivèrent ainsi entourés à une lieue de Ghazaouat. Mais les munitions et les forces étaient épuisées. Le capitaine de Géraud succomba, et les soixante braves qui restaient de cette colonne mutilée, s'engageant dans un défilé où ils avaient été précédés, moururent autour de son corps. Douze seulement atteignirent les murs de la place, sous la prooctection de la troupe qui était sortie.

L'un des douze braves échappés au massacre de la colonne partie de Djemmâ-Ghazaouat, le caporal Lavaissière, du 8ᵉ bataillon de chasseurs d'Orléans, a donné sur l'admirable combat de nos héros qui s'étaient d'abord réfugiés dans le marabout de Sidi-Brahim, des renseignements que l'historien doit recueillir. La scène *La garde meurt et ne se rend pas*, s'est répétée sur la terre d'Afrique ; une légère variante a été faite à l'apostrophe sublime. En vérité, les mots manquent pour exprimer ce qu'on éprouve au récit de ces traits d'héroïsme et de bravoure. La France, tout en regrettant ses enfants, peut s'énorgueillir : elle a une belle page de plus dans ses fastes militaires.

« Il ne restait plus de notre beau bataillon que quatre-vingt-trois hommes, sous les ordres du capitaine de Géraud et du lieutenant Chappedelaine, laissés à la garde des bagages pendant l'action. Le docteur Boragutti et l'interprète Lévy s'y trouvaient. Le capitaine de Géraud voyant tout perdu, songea à mettre sa troupe à couvert et se dirigea sur le marabout de Sidi-Brahim, à un quart-d'heure sur la droite. Sa retraite ne se fit pas sans combat, il perdit cinq hommes. La porte du marabout étant très basse, les hommes escaladèrent les murailles ; une partie des bêtes de somme put entrer dans la cour, qui présentait un carré contenant vingt hommes sur chaque face. Chaque homme avait quatre paquets de cartouches, et comme on avait abandonné les sacs, il y avait très peu de vivres. il était onze heures du matin.

» Le capitaine me fit monter sur le marabout, au milieu des balles ennemies, pour planter un drapeau formé de la ceinture rouge de M. Chappedelaine, et de mon mouchoir bleu. Ce drapeau devait avertir la colonne du colonel de Barral, que l'on savait à trois lieues. Je descendis, puis je remontai avec une lunette, et je regardai dans la campagne sans rien voir. Bientôt le marabout fut entouré par la cavalerie ennemie. Abd-el-Kader envoya un prisonnier sommer M. de Géraud de se rendre : on répondit qu'on ne voulait pas se rendre. Il fit écrire une lettre par un de ses chefs, et la fit porter par un cavalier arabe qu'on laissa approcher, après l'avoir fait descendre de cheval. La lettre disait que si l'on ne se rendait pas, l'émir ferait couper la tête à tout le monde. Le capitaine de Géraud répondit que les Français mouraient, mais ne se rendaient pas, qu'ils étaient tous prêts, et bien résolus jusqu'au dernier.

» Cette réponse fut à peine reçue que le feu commença sur les quatre faces ; le mur était haut de quatre pieds. Le feu et le jet des pierres dura cinq quarts d'heure : on se battait à bout portant. Abd-el Kader se retira et alla camper à dix minutes du marabout. Il était deux heures. Jusque-là il n'y avait eu que le sergent Styart de blessé à la joue droite. Nous avons dû tuer beaucoup de monde

» L'attaque recommença de la part des Kabyles

à coups de fusils et à coups de pierres. La nuit on tira peu. Le lendemain 24, à dix heures, Abd-el-Kader revint avec ses cavaliers et ses fantassins. Il tint sa cavalerie éloignée et fit attaquer par son infanterie. Nous avions passé la nuit à faire des demi-créneaux aux murs et nous avions coupé nos balles en quatre ou en six. Nous nous sommes presque constamment battus jusqu'au lendemain à deux heures après-midi. Alors Abd-el-Kader fit sonner la marche de la cavalerie par un de nos clairons prisonniers. Il ne laissa autour du marabout que trois postes d'observation, de 150 hommes chacun, composés des Ouled-Djenane, des Souhalia et des Msirda.

» A la fin du troisième jour, nous avons commencé à avoir faim et soif; nous avions été réduits à boire de l'urine mêlée avec un peu d'eau-de-vie et d'absinthe. On fit le complot de partir dans la nuit, mais comme les factionnaires s'étaient rapprochés et postés de six pas en six pas, nous avons cru devoir rester la nuit. Les Arabes nous disaient que si nous voulions, ils nous donneraient de l'eau à boire et bien des galettes à manger. A sept heures, on s'est préparé à partir. Nous avons franchi le rempart, les officiers en tête, pour courir sur le premier poste à la baïonnette, et nous l'avons enlevé tout de suite. Trois factionnaires eurent seulement le temps de tirer. La colonne se mit en marche, en carré de tirailleurs; elle reçut très peu de coups de fusils, les hommes étaient très faibles et très fatigués. Elle marcha jusque vis-à-vis du village des Ouled-Zeri, de l'autre côté du ravin, sans avoir plus de quatre blessés.

» Arrivés à la pointe du plateau; on a formé le carré pour se reposer, et nous avons vu alors les Ouled-Zeri sortir de leurs demeures avec leurs fusils et descendre dans le ravin. Les gens de Sidi-Amar et des autres villages environnants descendaient aussi dans le ravin, pour nous couper. Ils avaient été prévenus par deux cavaliers. Il était plus de huit heures, nous étions pressés en queue par 2,000 Kabyles, et on a pensé que le plus sûr moyen était de fondre par la ligne la plus courte sur les Arabes qui nous barraient la route. On descendit, toujours en observant la même formation, au milieu du ravin; on forma le carré, et là il y eut beaucoup des nôtres de tués. Les Arabes pouvaient tirer sur nous à loisir et de tous côtés : nous avions épuisé notre dernière cartouche. Enfin on gagna le bas du ravin et on forma un troisième carré dans des figuiers; nous n'étions plus que quarante hommes; notre brave lieutenant, M. Chappedelaine, avait été tué entre le deuxième et le troisième carré; au milieu du dernier étaient encore debout le capitaine, le chirurgien et l'interprète. Les Arabes étaient tellement nombreux qu'une tuerie générale allait avoir lieu. Alors, ne prenant conseil que de notre désespoir, et résolus à vendre chèrement notre vie, après nous être encouragés et dit un dernier adieu, nous nous précipitons sur les Arabes à la baïonnette, nos officiers toujours en tête. Quatorze ont pu se faire jour et être recueillis bientôt par la garnison de Djemmâ, qui venait à nous. Deux sont tombés morts en arrivant. »

Un autre trait sublime a échappé à la plume du naïf historien, et complète dignement le récit de cet héroïque épisode de nos guerres d'Afrique.

M. le capitaine-adjudant-major Dutertre, du 8e chasseurs d'Orléans, faisait partie du petit nombre de prisonniers tombés entre les mains de l'ennemi. Abd-el-Kader, voyant qu'il ne pouvait forcer les courageux combattants du marabout de Sidi-Brahim, imagina de leur envoyer ce capitaine avec injonction de les décider à se rendre, sous peine d'avoir lui-même la tête coupée. Le capitaine Dutertre s'approche en effet du marabout; mais au lieu de faire ce que voulait l'émir, il crie à ses anciens compagnons d'armes : « On me menace de me décapiter, si je ne réussis pas à vous amener à mettre bas les armes; et moi, mes amis, je vous exhorte à ne pas vous rendre et à mourir tous jusqu'au dernier, s'il le faut. »

Abd-el-Kader, furieux de voir que cette démarche était restée sans résultat, fit en effet décapiter le capitaine Dutertre. Régulus a conquis l'immortalité pour un trait qui n'est pas plus beau que celui-ci.

FIN.

TABLE.

CHAPITRE PREMIER.

Départ d'Alexandrie. — Smyrne. — Constantinople.   5

CHAPITRE II

Andrinople. — Philippopoli. — Sophia. — Raguse.
— Tripoli. — Tunis. — Kairouan   36

CHAPITRE III.

Alger.   56

CHAPITRE IV.

Constantine. — Mascara. — Passage des portes de
Fer. — Mazagran.   105

CHAPITRE V.

Évènements militaires des Français dans le Maroc.
— Poudrière d'Alger. — Les impénétrables grottes
du Dahra.   152

CHAPITRE VI.

Chasse au sanglier. — La vendetta en Afrique. —
Les cimetières à Alger.   181

CHAPITRE VII.

Vie d'Abd-el-Kader.   202

CHAPITRE VIII.

Massacre de Djemmâ-Ghazaouat.   227

FIN DE LA TABLE.

Limoges. — Imp. E. Ardant et C°.

www.ingramcontent.com/pod-product-compliance
Lightning Source LLC
Chambersburg PA
CBHW071932160426
43198CB00011B/1365